虎ノ門交友録

阿部充夫

悠光堂

S42　諸澤人事課長と亀清にて

はじめに

この頃は自分史とか、自叙伝とか、そういうものが流行しているようである。人間の平均寿命が延びたこと、生活にもやや余裕が生まれていることなど、その原因には種々のものがあるだろうが、そろそろ自分の死ということを意識しだし、死後は本人としては全く「無」の世界になることを考えると、後世の人々に、かつては自分という人間が存在し、このように生きていたんだということを何かの形で残したい、そのような望みが芽生えてくるものらしい。

かつて地方へ出張したとき、自宅の門前に自身の銅像を建てているケースに一〜二回出会って驚いたことがあったが、これなども同じような根源に由るものなのだろう。

ところで、私の場合は、文部省の公務員だったという地味な経歴からも、また、元来、あまり出世欲や自己顕示欲もない、シャイな性格からも、そしてさらに、何よりも、これぞと他人に誇れるような功績とてないことからも、そもそも自分史を書くなどということには思いも至らなかったのである。ところが、今から二年ほど前、還暦を目前にしていた長男を肝臓がんで失ったとき、突然、阿部充夫という人間が、これまでいくばくの年数か、この世に存在していたという証しを「何か」残したいという望みが首を抬げてきたのである。

次男については、すでに七～八年前、これは肺がんで失っており、長男次男とも結婚もせず、子を残さなかったので、これでわが阿部充夫の系統は祭祀を継ぐべき子孫もなく、絶滅ということになった。私が早く六十歳代くらいのとき、自分と妻との終の住処として用意しておいた高輪の古くて小さいお寺の墓所も今は息子二人に占拠されて、今後どうすべきか今はただ悩みの種となっている。

話は横道に外れたが、そこで「何」を残すかで悩んだ。私の九十歳ともなった経歴の大部分は、文部省に勤めた虎ノ門時代であり、文部行政の中でも大学行政関係が中心となるので、自分史を書けば、当然、その背景として、大学問題というテーマ音楽が流れる。しかし、私には「新制大学史」などを書く気持ちはない。これは学者さんたちのなされることである。そこで私は、この問題にたずさわった友人たち、関わった私の知人たちを書き残したいと思った。虎ノ門時代に私と交流のあった上司、先輩たちはすでに鬼籍に入られ、同年代の友達、部下や後輩もかなりの人々が亡くなったり、退職して全国各地に散ったりしている。これらの人たちとの交友、交流を書けば、自然にこれらの人たちの紹介にもなるし、私自身の本質も表に現れるだろう（私は交わった人たちから「おとなしい」と見られているらしいが、本質は喧嘩早いという悪癖がある。この間の誤解も解けるだろう）。

そんな思いで、虎ノ門時代を中心に私の一代記をまとめてみるか――と、この原稿を手がけた。ただ何しろ九十歳である。記憶はたくさん湧いてくるが、なかなか、統一が取れない。事実関係の間違いや、時の前後関係の間違いなどもあるだろう。書くべき人も多すぎて、予定枚数に収まらずに残念ながら失礼したケースも少なくない。これらの点についてはあらかじめお詫びしておくので齢に免じてご寛容願いたい。

交友録がはじまるによせて

春風駘蕩の人

遠山敦子

文部省の先輩である阿部充夫元事務次官（以下阿部さんと呼ばせていただきます）が自伝を書かれることとなり、編集者から「遠山さんが見た阿部さんの印象を書いてくれないか」との依頼がありました。私は喜んでお引き受けしました。それは、文部省での長い職歴の中でも、部下として最も働きやすく、要所を押さえたうえで任すという優れたリーダーであられたことを、何とか書き残しておきたいと思ったこと、加えて、かつて拙著『来し方の記』（かまくら春秋社）に登場をお願いし、お言葉をいただいたことへの感謝の気持ちもこめてのことでもありました。

ただ、私が阿部さんと仕事上のお付き合いができたのは、二年間という短い期間であり、その意味では、阿部さんのお仕事とお人柄を十分に描くことはできず、葦の髄から天井をのぞくようなことになるのでは、と心配です。

阿部さんが高等教育局長として就任された昭和六十一年九月には、私は同局の企画課長としてお迎えする立場でした。局の連絡課長は局内各課のさまざまな課題をフォローするとともに、特に国会対応や伝統ある大学設置審議会の運営など多彩な仕事が責務でした。私自身は、大学の学術行政の領域はかなり長くつとめましたが、大学行政は初めての経験であり、高等教育行政の万般に通暁しておられる阿部新局長をお迎えするのは、かなり緊張しておりました。しかし、ほんの短い期間でその恐れは杞憂であることが分かりました。

阿部局長をお迎えした頃、企画課にとって最大の課題は、大学審議会を創設するための諸準備をすることで、立法上の措置をはじめ、各省折衝や国会審議対応に追われる日々でした。大学審議会とは、当時の中曽根政権下で設置された臨時教育審議会の答申で、高等教育のあり方を基本的に審議するためのユニバーシティ・カウンシル（大学審議会─仮称）を創設すべし、とされたことに対応するものでした。ただ、行政改革の真っただ中、新審議会を作るには、他の審議会を改編する必要があり、当時高等教育局が所管していた既述のいわゆる設置審と私学審議会とを合体せざるを得ず、いずれも権威ある審議会でこれを合体することは極めて困難でしたが、私学関係者の協力を得て何とかクリアするという離れ業も必要でした。それは、最終的には局長のご判断で可能となりました。

特に国会審議では、外部の大学関係者の故無き反発もあり、もめにもめましたが、阿部局長の答弁は、冷静かつ安定されており、部下としては何の心配もなくお任せできました。ただ、野党の攻勢はひどく、最終的には乱闘気味の中で成立するという異常な事態でした。

そういう状況下で阿部さんに仕えた経験から感じたことを、三つのポイントに絞って、述べさせていただきます。

第一は、大局観を持った適切な判断をされる方でした。

すでに述べたように、難航の上成立した格式ある大学審議会（委員の任命には内閣承認が必要）を創設するにあたり、まずは誰を委員とするかの難しさがあり、これも的確な指導をいただきましたが、次には何をどう諮問するかが最大の問題でした。ある日局長から、諮問は「大学等における教育研究の高度化、個性化及び活性化等のための具体的方策について」という包括的なものにしよう、これであれば大学の持つ諸課題を順次審議いただき、答申をうることができるから、とさりげなくお話しがありました。私は、そのお考えをきき、直ちに共鳴するとともに感銘をうけました。阿部局長は、事柄の大局をみて判断できる、見事な思考をされる上司だと深く感じ入った記憶です。

この①学部レベル教育の個性化、弾力化、②大学院を中心とする教育研究の高度化、③大学の組織運営の活発化という三つの視点は、今もなお大学問題の中心であることを思うと、いかに先見性のある諮問だったかが分かります。

私は間もなく文化庁へ転出しましたが、大学審議会は、その諮問に従い、それまでの審議会にはみられないほどの高度で濃密な議論が展開され、諸課題を次々にクリアし、十三年間で実に二十六本の内容ある答申と二つの報告という偉大な成果を生み出してくれました。

ところがその後、行政改革という名のもとに大学審議会は終わりをつげ、中央教育審議会の下の一分科会となりました。私が大臣となったとき、その直前に大学審議会が廃止されたことを知り極めて残念な思いをいたしました。阿部さんも、のちにそのことを深く嘆いておられたことを知りました。行政改革が、時に大事な組織を消滅させる問題性を感じました。

第二は、自ら大きな方針だけを指示し、あとは部下に任せるという仕事ぶりの方でした。

いつも、局長室の重い扉をあけるとにこやかな笑顔で迎えていただき、報告や説明をうん、うんと聞いてくださり、「分かった、あとは任せるよ」とのご対応が主でした。部下としては、やりがいのある経験をさせていただきました。ただ、ときに不十分な準備のまま案件を持ち上げると、すぐに見抜かれて一瞬鋭い目線で「それは、こうではないかな」とご指摘をいただき、部下としては冷や汗をかき、凄いなと秘かに反省したこともありました。

同時期に大学課長であった佐藤禎一氏とはタッグを組んでよく議論しましたが、同氏は阿部さんとは何度もご一緒に仕事をする機会があり、阿部さんのことをよくご存じです。その佐藤課長も、阿部局長のもとで、各員がのびのびと仕事ができたと振り返ってくれています。当時大学課も、やはり臨教審答申に基づく大学入試センター関連法案などの厳しい国会審議に対応させられたが、阿部局長は、常に平常心での対応をされたことに、心底感服したと述べてくれています。かつて阿部さんの下で働いたことのある別の友人も、どんな難事でも泰然自若、安定感のある上司であったとの感想を述べてくれました。

その上、部下に任せながら、よく人物の能力や性格を見抜かれているな、と思ったこともしばしばでした。しかも、できるだけ他者の長所を見、それを伸ばすことを心がけておられ、のちのちまで目をかけられる温かいお人柄でした。それ故、課員の皆から慕われ、尊敬され、周囲からも一目をおかれる存在であられたと拝察します。至らない私でも、懸命にやったことについては、それでいいよ、との反応が返ってきたのは、嬉しいことでした。

第三は、静かにお酒をたしなまれる方でした。一仕事終わったあと、夕刻に局長室と企画課との間のドアをあけてふらりと出てこられ、ゆったりと椅子に座られて、静かにお酒を召し上がるのがお好きのようでした。こちらも、安心しながら仕事を続けたり、若干のお相手をしたりしましたが、省内でも外でもお酒で乱れることは全くなく、あくまでもスマートな紳士でした。今は亡き諸橋さんなど庶務の仲間とも分け隔てなく言葉を交わしながら、ゆるりと過ごす時間を楽しむ余裕あるお姿を思い出します。ただ、もっぱら和食派で、仕事上の会食でも、洋食は本当に苦手だったようで、あくまでも決して贅沢でない和食派、というよりお酒を味わい楽しむ方だったと思います。

今から三十年も前の短い出会いでありましたが、阿部さんとの思い出は忘れがたく、あるべきリーダーのお手本となるお一人であり、常に全てを見通しながら、その知をてらうことなく、あくまでも静かな海のような、春風駘蕩たる存在であられたと感じております。誠に、余人を持って代えがたい、多くの人たちから敬愛される方でした。本当に、有難うございました。

目次

第二章　局長、部課長、その他先輩などの思い出　173

第三章　同期入省組と後輩キャリアたちの思い出　197

第三部　阿部充夫の人生 …… 277

01

第一部

虎ノ門時代の軌跡

虎ノ門の友たち

第一章　戦後の新学制（特に大学関係）の流れ

軌跡とはもちろん「わだちの跡」である。私の歩んだ軌跡は、主として、大学行政にかかるものであったが、ときより、事柄により、太くなり細くなりはしても、おおむね一筋に続いていたと思う。たまに、人事上の都合や障害に突き当たったりして、部分的に途切れたり、点線になったり、大きく曲がりくねったりしたこともあったろうし、役人であるから、別の任務を負わされて、かなりの間、切れてしまったこともある。ただいずれにしても、私は母校「誠之小学校」の校訓で、孔子の孫と言われる子思の著した「中庸」にある言葉「誠者天之道也、誠之者人之道也（誠は天の道なり、之を誠にするは人の道なり）」を念頭に置いて、十分であったかどうかの問題はあるにしても、努力してきたつもりである。

この第一章では、その一としてその本道に関わる部分を、そして第二章にはその二として、事件や障害、あるいはやや異なる道を歩んだかと思われるような事柄を、まとめて書いたつもりである。

一・文部省への入口

ところで、その「虎ノ門」であるが、文部省（現在は「文部科学省」であるが、この本では文部省で通させていただく。）は、しばしば虎ノ門と呼ばれる。ここで、虎ノ門時代というのは、私が文部省に在籍していた頃を、漠然と、そう呼んでいるのだが、大蔵省（現在の財務省）、外務省などを「霞が関」、警視庁を「桜田門」と呼ぶのに似た通称である。

文部省の目の前に、地下鉄虎ノ門駅がある。私の若い頃と違って、今は文部省の新しい建物とは地下道やエスカレーターでつながっている。虎ノ門交差点には、地下鉄の入口裏に、小さな石碑と、その上に小さな銅像だが、威厳を備えた咆哮する虎の像が立っている。私はこの像が好きで、役所の往復の際、よく頭を撫でたものだ。今でも、私と同じ趣味の人がいるのか、虎の頭が綺麗に光っている。

私の虎ノ門時代は、昭和三十年、一九五五年に始まる。朝鮮戦争の休戦の影響だったのか、民間の求人が急に冷え込み、ちょうど、大学を出て就職の時期に当たっていたわれわれの年次の学生は、厳しい試練にぶつかってしまった。たまたまだろうが、朝日と名の付く企業は軒並みに求人中止、東大法学部では四年生の三分の一が自発的に留年して就職を一年先にしたと言われるほど、就職氷河期とも呼ばれた。ジャーナリストを目指し、まずは朝日新聞社などを考えていた私は急に的を外されたようで、他のマスコミ等も受験し、しかも最終面接まで合格しながらも、身辺調査などの段階で落とされる。中には「コネがない人は残念ながら」と明言するような社もあって、初めて社会の不条理に怒りを覚えたりした。

そこで念のため受験しておいた公務員を真剣に考えることとしたわけだが、大学から推薦されたのは通商産業省（現在の経済産業省）。しかし「お金の話は、あまり好きでない」という単純な気質から、小学校教員だった父の奨めもあって、文部省を受験、その日のうちに内示をもらって、私の虎ノ門時代が始まったというわけである。

実は、この入省試験の面接のとき、当時の内藤誉三郎会計課長（後に文部大臣）に初めてお目にかかり、まず一戦を交えたのだが、この件については別項で取り上げるつもりである。

二．新制大学の整備と改革

戦後、昭和二十一年（一九四六年）十一月には、国民主権、民主主義そして平和主義を基調とする新しい日本国憲法が制定公布されたが、これが施行される昭和二十二年（一九四七年）五月の直前、同年三月に、今後の国民教育の理念や原則を定めた教育基本法と、教育の機会均等や民主化を目指し、旧来の複線型といわれた学校体系を単線型とする新しい学制を定めた学校教育法が制定公布され、それぞれ同年三月三十一日と四月一日から施行された。

ア．新学制への移行と短期大学制度

この新しい学制は、一般に「六－三－三－四制」と呼ばれ、旧制度の学校は、順次、新制度

に転換、移行する措置が取られた。このうち、「六―三―三」という初等中等教育のレベルについては、同時に義務教育年限を六年から九年に延長するという方針が取られたため、主として校舎の増改築などの財政的負担が大きく、それなりに大きな課題として関係者を悩ませたが、最後の「四」つまり高等教育のレベルについては、旧制以来の帝国大学、官立大学、公私立の大学と並んで、旧制の高等学校、大学の予科、各種の専門学校、師範学校系の諸々の学校や養成所などまで一括して四年制の新制大学という単一の枠にはめ込み、民主的、単線型と呼ばれる学校体系が作り上げられるという、数年後の昭和三十年（一九五五年）に入省した私たちの目からみても、かなり乱暴な措置が取られていたのである。

特に、旧制度の専門学校などでは急に四年制大学レベルへの内容の充実・向上を要求されても、教員組織、施設・設備などの面で、その水準に到底達し得ないところが多く、実際の認可に当たってはかなり甘い配慮もあったと想像できるが、それでも不認可校が五十校にも達するという事態となった。そこで、早くも昭和二十四年（一九四九年）には学校教育法を改正して翌昭和二十五年（一九五〇年）から暫定的な救済策として修業年限を二年または三年とする短期大学という特例を認めることになったのである。

皮肉なことにこの短期大学制度は、女子教育の水準向上の面などでの社会的要請に応えるものであったため、スタートした初年度の昭和二十五年（一九五〇年）にはすでに四年制の新制大学二〇一校に対し、短期大学一四九校となって、かなりの存在感を示したのであり、その後も、充実発展を続け、昭和三十九年（一九六四年）には、三〇〇校を超えるといった実態となったため、関係者の要望にも応え、大学制度の中ではあるが、特別な存在として学校教育法の改正により、これを恒久的な制度に位置付けることとなった。

高等教育レベルにおいて基本的に四年制の新制大学に一本化したという新学制の方針について私は「かなり乱暴な措置」と前述したが、これは人により立場により評価が分かれると思う。

すなわち、大学等への進学率でみれば、日本は今日（令和二年（二〇二〇年）現在で）実に五四・四％と世界有数の地位を示しており、国民の教育水準の向上や科学技術者の量的確保などにも役立ってきたことは、それなりに評価されなければならないだろう。

しかし質的な面からみれば、すでに発足当初、昭和二十五年（一九五〇年）の米国教育使節団から、新制大学の数が多すぎる、内容が不十分だ、名前だけの大学だ、画一的に過ぎる等々の酷評を受けた、その状態を今日まで引きずってきていることも否定できない。


私が大学学術局庶務課の法規企画係長として、大学行政の一端に関わりを持ったのは、新学制への移行措置が、良くも悪くも一段落した昭和三十三年（一九五八年）のこと。この頃、大学行政の中心は、庶務課ではなく、隣の大学課で、当時、春山順之輔という、旧制以来の大学行政の大ベテランであり、また大権威の方が、大学課長の任に当たっておられた。どういう事情か理由か私には理解できなかったが、何か出張の用務があって、隣の課にいる私がこの春山課長に随行を命じられたことがある。その夜、一緒に入浴していると、突然「アベくん。日本には今、大学は何校あるかね」とのご下問。キョトンとしたまま、一応「国立が七二校、公立が……」と答えはじめると、春山さんに途中で遮られ「いや、違うんだ、アべくん、日本には二校、東大と京大だけしか、大学はないんだよ、よく憶えておくように……」と言われた。

このとき（昭和三十五年、一九六〇年）すでに新制大学は四年制だけで二四五校、これに短大（二八〇校）を加えると（短大は、このときにはまだ制度の恒久化の方針が決定しておらず、いずれ、内容を充実して四年制大学となることが、一応の予定であった。）、結局、すでに五〇〇校を超えるレベルに達していたので、日夜、大学の充実、発展を目指し、心身を磨り減らす状況にあった（らしい）春山さんにとって、多分、これは絶望的な課題であり、私のような、今後、何十年か大学行政に関わりそうな若者に、新制大学制度に疑問符を付けるような問題意識を持たせようとしたのではないか、と想像している。

新制大学は、それからさらに増加を続け、四年制大学の場合、令和二年（二〇二〇年）現在で七九五校にも達している。昭和二十五年（一九五〇年）の新制大学発足以来、七十年余の歳月を経て、それぞれの大学がそれなりに若干ずつ充実してきたとは思うが、東大・京大のレベルにはほど遠く、また、これだけの大学を、画一的に東大、京大レベルに引き上げるなどは日本の国力を超える夢物語であり、最近の国際的な比較（いわゆる大学ランキングで、これが正しい評価と言えるかどうかは、かなりあやしいと思うが）において、東大、京大のランキングは、逆に下がりつつあり、いつかは、世界で百位以内もおぼつかなくなるのかもしれない。

イ．横一線、画一化の悩み改善の動き

先に、このように多数の新制大学を生み出した、戦後の学制改革を「乱暴」と決めつけた私の考え方からすると、これを正常な方向に戻すための努力は、その後何度かその動きがみられた。

その一番手は、短大制度の恒久化である。短大はさらに四年制大学に格上げすることを前提として定められた暫定的措置であったが、早くから特に女子の高等教育の道として、当時の社会的要請に合い、安定した存在感を持つようになっていたので、これを恒久的な制度として認めることにより、四年制の新制大学をさらに急増させるという結果に直接的につながるような路線を、一応、避けることができたのである。私は、そのような理由を加えて、短大制度の恒久化の件は評価している。

そして、次には、昭和三十八年（一九六三年）の中央教育審議会（以下、「中教審」という。）の「大学教育の改善について」が答申される。ここでは、「歴史と伝統を持つ各種の高等教育機関を急速かつ一律に、同じ目的・性格を付与された新制大学に切り換えたこと」に批判的な態度を示し、新制大学を大学院大学、大学、短期大学、高等専門学校（後述）及び芸術大学の五種に分ける提案をしたのである。その最大の狙いは、四年制の新制大学を全て画一的に扱うのではなく、種別を設けて、特に高いレベルの大学院大学を伸ばすことに大きな狙いがあったことは間違いないだろう。

この諮問は昭和三十五年（一九六〇年）に行われ、昭和三十八年（一九六三年）には答申が出たものであるが、前述の春山大学課長は昭和三十六年（一九六一年）には退任され、村山松雄氏（後に第四十九代事務次官）が大学課長に就任、そして昭和三十八年（一九六三年）に、この答申が出されている。

ところで、この村山大学課長から当時私がよく聞かされていたのは、「アベくん、学校制度というものはね、入学資格と修業年限、この二点で、ほとんどのことが決まってくるものなんだよ。」ということであった。確かにこの「中教審三八答申」による大学の種別化は、その思想で構成されていたように思える（なお蛇足になるが、芸術大学だけがやや異種と思われるが、そもそも、芸術関係については学校教育として取り上げるのに相応しいかどうかの疑問から、どうにでもできるような自由度を当初から与えておこうとの方針だったのかもしれない）。

この「中教審三八答申」は、もちろん新制大学全般に関するものであり、前記種別化関係の他、当時の大学問題を総嘗めにしたようなかなり大部の力作であったが、日米安保条約改定反対紛争の余韻など学生紛争の残り火も大きく、社会の関心も十分に集まらず、あまり実現をみなかったのは惜しいと思っている。

そして中教審は昭和四十二年（一九六七年）に「今後における学校教育の総合的な拡充整備

のための基本的施策について」の諮問を受け、途中、大学紛争、学園紛争の鎮静化のための方策を審議するという特別な課題に対応したこともあって、結局四年間という歳月を要したが昭和四十六年（一九七一年）、明治初期の学制発布、戦後の新学制発足に続く、第三の教育改革として有名になった、「中教審四六答申」として発表されたのである。

この答申については、後に別項で触れるが、新制大学の画一化の改善という見地から取り上げれば、結局は、中教審三八答申と相似て、大学院（博士レベルは「研究院」と呼んでいる。）の有無に着目した高いレベルの大学と、一般の大学、そして短期大学とに三分して施策を進めるべしという点では同工異曲だったが、制度的に種別化する線は結局実現をみなかった。

その後も種別化などの改革路線は進行せず、優れた研究業績を挙げた大学には、学部や修士課程との連絡は乏しくても独立研究科として博士課程を認めるとか、研究費等の分配に競争的要素を強めるとか、横一線、画一化を是正するための施策は取られてきたが、十分に成功していたとは言い難いであろう。

なお、私が退官して十年余を経た平成十五年（二〇〇三年）には後述のように、国立大学法人法が成立し、国立大学にはみな法人格が与えられ、国からある程度独立した管理運営を委されるような形となり、特に「世界最高水準の教育研究活動の展開が相当程度見込まれるもの」

については「指定国立大学法人」に指定し、出資、余裕金の運用等に弾力性を持たせる規定も盛り込まれて、これまでの全国立大学が横一列に並ぶという画一的な制度に風穴が空けられたが、これが今後の運営にどう生かされるか、当分の間は見守る他はない。

ウ．学部等の多様化と設置認可の弾力化

前項で述べた学部レベルの量的な拡充は、当然に質的な多様化を伴ったものであり、特に私学は、量的拡充、質的多様化に意欲的であった（なお、公私立大学の学部、学科増や学生定員変更は当然に文部大臣の認可を要し、大学設置審議会に諮問する事項だが、国立大学についでは文部省の専管事項であり、認可等を要しないものであった。しかし文部省では、国立大と公私立大との衡平を図るため、国立大のこれらの事項についても大学設置審議会に「意見伺い」をすることにしていた）。

文部省では、戦後生まれの青少年が急増する昭和四十年代の認可に際しては、特に人間関係学、国際関係学、情報工学、原子力等と新しく生まれ、あるいは成長してきた分野の拡充には、積極的に対応してきたつもりである。この時期には、池田正之輔科学技術庁長官によるいわゆる池正《イケショウ》事件も発生したが、この件については後に、別項で、また取り上げることにしたい。

エ．各種の新構想大学の創設

新制大学は、創設以来、さまざまな問題を抱えてきたが、昭和二十二年（一九四七年）の新学制発足以来七十五年にも及ぶ今日まで、制度的に新しい種類の学校として加えられたのは高等教育レベルでは昭和三十七年（一九六二年）の高等専門学校だけである（平成二十九年（二〇一七年）の専門職大学は「大学」の一環で別種ではない）。

戦後、昭和三十年代からわが国は高度経済成長を遂げ、これを支える実践的技術者の養成確保が急務となっていた。当時の分類では、技術者、技能者の実力を、三段階に区分し、それぞれエンジニア、テクニシャン、ワーカーと呼んでいたが、特にこのテクニシャンの段階のレベルを高め層を厚くするため、初めは短期大学段階で「専科大学」を創設する案が浮かんだ。その後、さらに工業系の高等学校を下に付けて五年間の一貫教育を行う工業系の高等専門学校とする案に変更され、昭和三十七年（一九六二年）には制度の創設とともに国立の工業高等専門学校を各都道府県に計画的に創設する事業が進められたのである。

この高専卒業者の実力は、世間にも高く評価され、彼らの将来のために一層レベルの高い進路を用意すべく、昭和四十七年度（一九七二年度）からは国立大学の工学部に第三年次への編入学定員を順次設定することも行われたが、さらに昭和五十一年（一九七六年）に至って技術科学大学と名付ける特別の大学二校を長岡と豊橋に創設し、その第三年次に高専卒業者を主な対象とする大幅な編入学定員を設け、さらにこれを二年制の修士課程につないで、これまた四年間一貫の高レベルの技術者教育を行うこととしたのである。

この頃、つまり昭和四十年代の後半（別項記述の学園紛争が終末を迎えた頃）あたりから、いわゆる新構想大学がかなりの数、次々と創設された。前述の技術科学大学はその第二番目であり、第一番目は筑波大学である。これらは、それぞれの特別の狙いを持ったものであったが、いずれも新制大学の制度の中で、いわば特例的に創られたものであり、高等専門学校の場合のように新制大学制度そのものに直接改変を加えるものではなかったことをあらかじめ述べておこう（なお、短期大学は一般の大学制度の中に位置付けられているものである）。

そこでまず、第一番目の筑波大学であるが、これは東京教育大学（前身は、東京文理科大学）が、医学、工学等をも加えて総合大学に発展すべく、筑波の地に移転することを目指したことにより、それに際してこれまでの新制大学のあり方を検討の上各種の改革を加えたものである。たとえば従来の学部・学科という教育・研究機能を分離して、教育のための学群、研究のための学系というものに分けたことなどがあり、推進を図る執行部と、移転そのものに反対、制度改革に反対といった反対派の争いが激しく、かなり難航したものであるが、昭和四十八年（一九七三年）に実現した。

そして、第二番目が、前述の技術科学大学、（長岡、豊橋）の二校、さらに第三番目は、初中教育教員の資質・能力向上のための施策の一環として、現職の中堅教員を大学院修士課程でさらに二年間学ばせ指導的立場の教員を育てることを主たる狙いとした新教育大学が上越、兵庫、鳴門に、昭和五十三年（一九七八年）から創設され、本来の目的のために学部の入学定員よりも大学院修士課程の入学定員の方が多い三百名という規模となった。

さらに、以下は、「新構想大学」と呼べるかどうか疑問はあるが、新しい分野として、図書館情報大学（図書館短期大学に情報技術分野を加えて四年制大学としたもの、後に筑波大学に統合された。）を昭和五十四年（一九七九年）に、次いで昭和五十六年（一九八一年）には、国立では初めての体育系大学として鹿屋体育大学が創設された。

また、以上の新構想大学とは、かなり性質を異にするが、生涯学習の旗印のごとき存在として、テレビ・ラジオの放送利用をメインの教育方法とした放送大学も、後述のように、昭和四十年代の前半から、実に十数年の年月を要したが、昭和五十八年（一九八三年）に創設、同六十年（一九八五年）から学生受け入れを開始した。

後に別項で「国公立共通一次」と呼ばれたわが国で初めてと呼んでもよい大学入試改革のための共通のテストが、昭和三十年入省組の、大﨑、阿部、瀧澤の三代にわたる大学課長の努力でスタートしたことを述べるが、上記のいわゆる新構想大学群も、大﨑くんが筑波大学で先陣を切り、瀧澤くんが二番手で技術科学大学を、そして私、阿部が、新教育大学、図書館情報大学、及び放送大学を担当して、アンカーを務めた。若き青年将校（言い過ぎか？）時代の今は懐かしき思い出である。

三、新制大学の管理運営の改革と学園紛争

ア．管理運営問題の見切り発車

新学制について、特記すべき点の一つとして、学校の設立と管理運営等に関する法的な概念として、「設置者」、「管理責任」及び「経費負担」のことを法律上明記したことがある。

すなわち、学校教育法では、第二条として「設置者」という概念を決定し、国、地方公共団体、及び学校法人のみが学校を設置し得ることを明記し、その第五条で、それらの学校の設置者は設置する学校を管理し（設置者管理主義）……その学校の経費を負担する（設置者負担主義）ものとして、設置者の権限と責任を明記したものである。もちろん、これらの大原則については、その大きな例外として、たとえば義務教育の市町村立小中学校について、都道府県がその管理の権限や負担責任のうちのある部分を受け持つことは、他の法令で明記されているところである。

しかし、高等教育機関である大学には「大学の自治」という、法令上明確な規定はないが、ある程度、社会的にも認められた通念があり、わが国では、旧制の帝国大学等において学長や部局長、教授等の人事に教授たちの意向を反映させるような制度、または慣行があったが、戦

後の新憲法により「学問の自由」が明確に定められたことから、これを背景として、学問の府である大学の自治を強く主張する意見が各方面から出たことも当然であろう。しかし新制大学の管理運営の基本的な体制については、CIE（民間情報教育局）によるアメリカ対日占領軍の政策からの意向もあって、当初アメリカの大学における理事会方式が示されたことには大学関係者の反発も強く、このため国会に提出された国立大学管理法案なども不成立に終わり、この問題は、デッド・ロックに乗り上げたままで続くことになったわけである。

もちろん、新しい学校教育法（平成三十年改正前）においては、第九十三条で、国公私の新制大学全体に適用される管理機関として「大学には、重要な事項を審議するため、教授会を置かなければならない。」という規定が置かれ、その構成については、同条で「教授会の組織には、助教授その他の職員を加えることができる。」としたのであるが、審議事項の「重要な事項」とは何か、教授会を置く単位は全学か、部局毎か、教授会の決議は、決定力を持つのかどうか、「その他の職員」の範囲はどうか、等々の細目については不明確のまま、いわば見切り発車をしたため各大学で種々の混乱が起こった。

旧制以来「大学の自治」について経験があるのは旧帝大など限られた機関の関係者くらいであり、その何十倍の数にも及ぶ新制大学では、よく分からないままに、日常の大学の運営をしなければならないのだから、教授会に助手や事務職員が入ったり、教授会メンバーである教授が職員組合の委員長だったり、校庭の草むしりまで教授会の審議事項になったり……学生団体からも、大学の一員であるとの主張の下に教授会に参加の要求が出るなどもあったようである。

ただし、新制大学でも国公立大学については、教育公務員特例法が別に定められ、特に大学における人事については法律上「大学管理機関」という言わば仮定の機関を設けることとして、これが、学長、部局長、教授等の人事に関する事項を処理するものとされ、それぞれの事項ごとに、たとえば教授の採用選考の場合には、「大学管理機関」とあるのは、「教授会の議に基づき、学長」と読み替えて適用するというような仕組みが取られたのである。

この国公立の新制大学の教職員人事の自治に関連する暫定的な制度については昭和二十四年（一九四九年）新制大学の発足以来、国立大学管理法案等が成立をみなかったため、暫定措置としてずっと存続し、平成十五年（二〇〇三年）国立大学法人法の制定に伴い、関係法令が整備されるまで、実に五十有余年も続いたということは、文部省大学局の中にあって、この件に関してもある程度責任のある立場にもありながら解決できなかった私としては、己の力不足について本当に遺憾に思っている。

第二次世界大戦後のわが国は、「デモクラシー」というイデオロギーの下に、政府・行政や社会の体制が整えられ運営がなされてきたが、他方、大学という組織ないし機関は、真理の探究というミッションの下で、憲法第二十三条の「学問の自由の保障」もあり、たとえ「デモクラシー」の原理の下に成立した政府・議会等であっても、教育研究の内容に関わるような事柄については、干渉をさし控えるべきだとの社会的通念が成立している。この点では、大学は一般的な「デモクラシー」の例外だと言うべきかもしれない。私は、大学の自治には二つの側面があると思っている。消極的な自治と積極的な自治であり、消極的な自治とは、政府などばかりでなく、一切の社会的な勢力の干渉や介入を排除する面であり、これについては先に述べたとおりである。そして、積極的な自治とは正に、大学が自らを治めて、その社会的機能を果たしていくことである。このためには、学内の管理・運営のための組織、体制、ルールなどをキチンと整理しなければならない。そして、この積極的な自治を担うのは、学長、部局長などとともに、真理の探究を行っている教授等の、ファカルティであるのは当然のことである。

私の問題意識は、正に、このあたりにあった。

イ．大学管理運営改善協議会の設置

確か昭和三十三年（一九五八年）の夏頃だったと思うが、翌三十四年度（一九五九年度）予算の概算要求について、庶務課内で打ち合わせがあったとき、課長補佐の長崎さんから「アベちゃん、何かアイデアはないか」と求められたのを幸に、早速「大学管理運営改善協議会」の構想を提案した。

国立大学管理法案等が、デッド・ロックに乗り上げたまま十年近くを経ていること、各方面から偉い人を集めて議論をしても、また同じ結果になるだろうこと、ついては、考えを変えて、現状を細かく書面調査し、また委員にも現状視察を十分にやってもらって、問題点を炙り出し、大学の現場と委員の共通認識を数年かけてまとめていく必要があること等を力説したところ、長崎補佐、蒲生課長の賛成も得たので、私一人で原案を取りまとめ概算要求に持ち込み大蔵省の理解も得た（この予算は特に標準予算にも認められた。標準予算とは、単年度だけでなく、何年か続けて計上することがあらかじめ認められた予算のことである）。

この調査・研究では、新制大学への出張の機会も多く、楽しく仕事をしていたが、やはり一人では仕事量が大変で、当初は若手キャリアの某くんを私につけていただいたが、やや足らざるところあり、困っていたところ、三十五年度（一九六〇年度）入省の坂元弘直くん（後の第六十代事務次官）が入り、助太刀をしてもらった。彼はやや問題児ではあったが、大変優秀ですぐに事柄を呑み込み、強力な助っ人となってくれた。

この、大学管理運営改善協議会が活動をはじめたことは、他の関係方面をも刺激したのか、眠っていると思っていた中教審や国立大学協会（以下、「国大協」という。）、日本学術会議などの関係機関が再びこの問題に取り組む意欲を見せはじめ、私どもの改善協議会の審議の動向などを時折問い合わせてきたりしたので、中間報告という条件付きで、書面調査の結果や、実地調査の状況、協議会としての審議の概況などを情報提供し、さらに取りまとめ、公表もして参考に供したのである。ただ残念なことに私自身が文部省のキャリア人事の慣習として、入省後七〜八年くらいで、いわば武者修行のため都道府県や大学の課長クラスへ出向させられる年代に達していたので、昭和三十七年（一九六二年）四月には宮城県教育委員会への出向を命じられたため、後事を坂元くんに託して仙台に赴任することとなった。

この、昭和三十七年（一九六二年）から昭和三十九年（一九六四年）までの二年間、私が不在の間にこの問題はまた大きく動いた。中教審は、昭和三十八年（一九六三年）に、「大学教育の改善について」の答申を出し、文部省は再び国立大学運営法案を取りまとめて国会提出の構えを示したが、国大協側の「自主的に努力する」旨の要請を受けて、提出を控えるという事態となったらしい。私が文部省に復帰したのは昭和三十九年（一九六四年）五月で、法案提出の準備のため臨時に設けられた改革のための組織（正式名称は忘れた）も廃止となったため後始末をしているときで、誰も明確に経緯を説明してくれず、ガッカリしたのをよく覚えている。また、元の木阿弥になっていた。

ウ．学園紛争の全国化と鎮静化

他方、この昭和三十年代後半からの時期は、日米安保条約の改定の問題で、特に全学連による反対闘争が過激化しており、全学連の内部も四分五裂、大きくは民青系と、中核派、革マル派に三分裂、暴力闘争の色彩を強めてきており、四十年代に入ると東大をはじめ各大学の学園紛争に広がり、学園封鎖、占拠から、ゲバ棒や火煙ビンまでが飛び交う内ゲバ闘争など、惨憺たる様相を呈したが、ついに機動隊の導入、学生に占拠された東大では入試を中止、国会では臨時立法により大学の機能の停止等に至る措置の制定などの対策が講じられて、徐々に効果を挙げ、就中、何よりも市民一般の批判が高まったことなどもあって、昭和四十年代半ばには鎮静化した。

確か、この紛争の最中だったと思うが、街に左卜全さんの歌が流れた。「やめてケレ　やめてケレ　やめてケーレ　ゲバゲバ……やめてケレ　やめてケレ　やめてケーレ　ストスト……おお　神様　神様　たすけてパパヤー……」などの歌詞を覚えているが、正に一般民衆サイドの学生暴力に対するやりきれない思いの表れであったと思う。

それから数十年後、東京医科歯科大学の病院へ伺ったとき、御茶ノ水駅の出入口で、中核派の腕章を巻いた四～五人の老人たちが、例の「ワレワレワー、ダレソレオー、ナントカデー」云々というテニヲハだけを長く伸ばすが内容はよく分からない、昔の全学連風演説を叫んでいるのを見かけたが、声も弱く体もやや不自由なようで、その変化に同情したくなるような風情であった。

四．中教審の四六答申と大学入試の改革

ア．中教審の四六答申

前述のように、昭和四十年代の学園紛争は、その半ばでおおむね鎮静化したが、かねて昭和四十二年（一九六七年）に中教審に諮問がなされていた、明治初年の学制発布、昭和二十年代初期、敗戦後の学制改革に次ぐ「第三の教育改革」として注目されていた中教審の四六答申が、ここで発表された。

この答申は社会的にはそれなりの関心を集め、おおむね好評だったと言ってよいだろうが、特に初等中等教育関係では根強い反対論もあって、全体としてスムーズに実行に進んだとは言い難い。

ただ高等教育関係ではおおむねこの答申の方向を踏まえつつ制度の整備なども進められ、併行して新構想大学の創設等もあって、いわば前向きの対応が行われていたのである。

イ．大学入試改革の進行

この間にあって、特に、目を見張るような前進をみたのは、大学入試の改革である。

高等教育機関への入学に際して、共通テストを実施するという考えは、明治、大正の頃からあったらしく、実際にも数回、実験的なテストも試みられたようだ。しかし結局は、関係者の同意が得られる水準に達しなかったらしく、いずれも構想の段階や数年の試行程度で中止され

たらしい。

戦後の新制大学については、昭和二十三年（一九四八年）から新たに進学適性検査が実施されることになり、従来の学力検査偏重から脱却することが期待された。ところが、十分な信頼性が得られない、学力検査と二重負担になるなどの事情から共通のテストとしては不十分で、昭和三十年（一九五五年）以降は参加校も大きく減少して「共通」という意味を失うようになった。

事実、私は、昭和二十六年度（一九五一年度）の大学進学を目指した新制高校第三期生で、初めて新制高校から直接、新制大学に進んだ組だった。しかし、私の経験では大学入試の一部として、この進学適性検査を受けたという記憶は残らず、メンタルテスト的なものだったという印象だけだった。

それだけにわれわれの態度も、同期の友人たちとあらかじめ約束して、早く答案を出した者が東大の三四郎池のあたりに集合、ピンポン玉で野球をしようというようなことで、不真面目極まるものだった。

このことは、今、白状すれば反省すべきことだったが、「過去の学力は内申書で」「現在の学力は学力検査で」そして「将来の可能性は進適で」というのが本来の狙いであったとすれば、実際に進適の検査レベルは理想の水準をかなり下回っていたし、高校生にその狙いを十分に理解させる努力も極めて不十分だったと批判せざるを得ない。

このようにして進学適性検査を大学入試の正常化、合理化に使おうとする方針はつまずいたが、大学入試に向けての競争の激化は著しかった。そのために各大学独自の試験では、いわゆる難問、奇問が続出、これらはもとより高等学校学習指導要領を逸脱して、高校教育自体にも悪影響を与えた現実は見逃し得ない事態となった。

そこで、昭和三十七年（一九六二年）十月、「大学教育の改善について」の中教審中間報告で大学入試のあり方に関し、差し当たり財団法人で研究部門と実施部門を持つ機関を設け、大学にはとりあえず、その結果の利用を強制しないが、高校ではこれを進路指導に役立てるものとして共通テストを構想し、確立までに三年間の準備期間を置く等の提言が行われたが、結果を急ぐ文部省は、直ちに財団法人能力開発研究所を設け、中教審の最終答申が出る前から、この課題に取り組んだ。

しかし、十分な検討期間を置かず、このような新方式を進めることについては、大学サイド、高校サイドの両サイドから反対が強く、文部省は昭和四十四年度（一九六九年度）には、このテストを断念し、能力開発研究所も廃止することになった。

このような状況の下で、大学入試の改革は、依然として大きな課題として残されたままだった。このため、国立大学については、文部省の大学入試改善会議の昭和四十六年（一九七一年）の提案に基づき、まず国公立大学で大学ごとの入試の前に共通のテストを第一次試験として実施し、その後、各大学で個別の第二次試験を行う方式を取ることにし、このため何回かの試行テストも行った上で昭和五十四年度（一九七九年度）入試から実施となった。

これは「共通一次」と略称され、全体構想や試行テスト段階は、大﨑仁大学課長が、関係の法整備、予算の確保。入試センターの設立と人員確保は私阿部大学課長。第一回の実施は、瀧澤博三大学課長が、というように三十年入省組三人の大学課長が順次担当し、実現させた。

これまでの大学入試改革が構想だけで実施に至らなかったり、実施されても数年で廃止されたりしていたのに対し、この系統につながるテストが途中、若干の改革、修正はあったが、発足以来今日まで実質的には四十年以上も継続してきたことは評価されるべきことだと思っている。私学の参加についても当初から希望する大学には門戸を開き、五教科も強制しないという柔軟な姿勢も取ってきた。

途中の大きな改革としては、当初の国公立大学中心の試験という形を大きく変えて正式に私学も加えた国公私立大学全体に共通な試験という位置付けを明らかにし、試験の名称も実施機関の名前を使って「大学入試センター試験」と改め、利用教科、科目も参加する大学の希望に任せるという自由化・弾力化を行った。これは、私が高等教育局長時代に行った改革であるが、これによって、参加する私学も年々増加し、最近では大学・短期大学併せて約八五〇校にのぼっている。

私も老化が進み、文部省（すでに文部科学省に改組）関連のニュースや情報が、関係者からほとんど入らなくなり、マスコミのニュースが唯一の頼りとなった。

数年前だっただろうか、再び大学入試改革が課題となり今度は「共通テスト」としてたとえば語学の実用能力を民間の検定などを利用して評価するとか、試験問題で記述式を増やすといった方針が検討されているという報道を耳にした。五十年以上も前から私どもが検討しその困難さを十分承知していることが、そのまま有力な検討の成果も明らかでないままに提案されているらしいことを知って唖然とした。

そしてさらにその後、これらは難しい課題なので、とりあえず延期するとの方針も示された。大学入試問題は、いずれも永く検討されてきたことであり、特に受験生にとっては心理的にも大きな心配事になる、こういう指摘については私どもがすでに何十年も前から課題として持っていたということを十分理解され、今後は拙速に走らずさらに慎重に扱ってほしいと願っている。

なお、入試については国民の間に今なお強い誤解が根付いていると私は思っている。昔、昭和二十年代のことだったと思うが、ＯＥＣＤの調査団が来日し、「日本の若者は十八歳のある日（つまり大学の入学試験の日）において、その将来が決まってしまう。」というような批評を残した。確かに、その当時はそのように言われても仕方のないような時代だったが、今は時代が大きく変わりつつある。大学受験に関しては、その横幅（つまり目指すに値する大学の量）も、縦幅（つまり挑戦する年齢）も大きく広がって、もはや十八歳のある日だけでなく、生涯学習の時代ともなってきている。

若者は、「ある一日」のために心身を消耗するのでなく、もっと気分に余裕を持って思考力等を鍛えてほしい。社会の側、大学の側においても、そういう目で学生を評価してほしいと思う。

五．臨時教育審議会と大学審議会（ユニカン）

ア．臨時教育審議会の審議と答申内容の実行

このようにして学園紛争は鎮静化していったが、若者の心の荒廃は、昭和四十七年（一九七二年）の浅間山荘事件などにも続き、さらに現代病とでも言うのであろうか、昭和五十年代に入るとだんだんと若年層にまで下ってきて核家族化、都市化などの社会の変化も加わり、青少年非行、小中学校段階での「いじめ」や登校拒否など、教育の荒廃という現象が続出してきた。このため、この時点では、文部省限りで対応するのではなく、政府が全体で取り組むべきだとの方針が、中曽根康弘総理の主導の下に打ち出され、昭和五十九年（一九八四年）八月、総理府に総理の諮問機関として臨時教育審議会が設置され、昭和六十二年（一九八七年）八月までの三年間に精力的な活動を行い、四次にわたる答申を行った（事務局長には佐野文一郎文部事務次官、事務局次長には齋藤諦淳くんが充てられた）。

この答申は多岐にわたり、文部省は省内に教育改革推進本部を置き、答申内容の実行に当たったのであるが、私が直接関わりを持ったのは第一に教育助成局長として（この頃初中局が肥大化していたため、初中局を二分割し、教育内容を所轄する初中局と、日教組関係を含めて人事、予算等の教育条件面を所管する教育助成局とに分けられており、私は教育助成局長を務めていた。）、初中教育教員に一年間の初任者研修を制度化すること、次に高等教育局長（元、

大学局長）に移ってからは、第二に、国公立大の共通一次を、正面から私学をも加えた大学入試センター試験に改めること、そして第三に、大学改革問題を推進するため、常設の機関として、大学審議会（ユニバーシティ・カウンシル。当時「ユニカン」と俗称されていた。）を新設することだった。

この三件のうち、初中教員のための一年間の初任者研修の実施については、別項で述べているが、私は教育助成局長として予算要求の最初の段階を手がけただけで高等教育局へ異動となったため、後任の加戸守行くんに託し、彼が実現させてくれたし、また、大学入試の「共通一次」を私立を加えた国公私立大の共通のテストとする改革については、高等教育局長となった私自身の手で「大学入試センター試験」と表札も変えて実現し、宿題として残るは、「ユニカン」の創設のみとなったのである。

イ．大学審議会の設置は強行採決

大学審議会の設置ということは、今後の大学行政、大学改革の推進に関しては、国公私の大学関係者を中心に、全て大きな課題はここで合意に達して、方向を定め推進を図ろうとするものであったが、野党の猛烈な反対に直面し審議は難航した。

従前は、与野党の対決法案の場合、いわゆる強行採決が暴力を伴って行われる場合が多かったが、この頃になると与野党間の話し合いで、このような行動をお互いに慎むこととなり、数年程度の間はこういう状況を目にしなくなっていた。ところがこの法案の場合、なぜか「大学自治の侵害だ」とする野党の妨害が甚だしく、ついに数年ぶりという強行採決、これに反対する野党側の暴力行為が国民の目前で繰り広げられた。

ただ、この衆院文教委員会の採決後はどうした背景があったのかいまだに不分明であるが、野党側の対応が急変し、反対の態度はそのままだが、衆院本会議、参院文教委員会、そして参院本会議と、ルールどおりの審議が粛々と進み、この法案は無事成立したのである。

ウ．大学審議会の功績

その後の大学審議会の具体的な活動は素晴らしいものがあった。石川忠雄会長（慶應義塾塾長）の下、足かけ十四年間、行政改革の方針によって活動を停止するまでの間、二十八回の答申・報告を出し、高等教育と大学改革の充実発展のための今後の方向を示した成果は大きかった。

この審議会発足の際の諮問は、「大学等における教育研究の高度化、個性化及び活性化等のための具体的方策について」という包括的な題名の下に、高度化とは大学院レベルの改革の目標、個性化とは学部レベルのそれを、そして活性化とは管理運営制度の整備を念頭に置いたものであったが、要すれば、戦後の新制大学の問題、課題を総ざらいしてやろう、という意気込みで取り組んだものである。

特に大学の設置形態、すなわち、公社化あるいは法人化の問題も、一応の対象とはしたつもりであったが、一方で行政改革という政府としての大きな方針が進行している中での、微妙な関係もあり、この問題を大きく提示することは避けて、その後の議論の行方を見守ろうとしたというのが、私の本音であった。

六．国立大学の法人化問題

ア．「大学公社論」の芽生え

ここでかなり、後戻りしなければならない。たびたび言うが、私が初めて大学学術局に配置された昭和三十三年（一九五八年）頃、大学学術局には手塚晃氏（昭和二十八年（一九五三年）入省組、後に政策研究大学院大学教授）を中心とし、キャリア、ノンキャリの区別なく若手が自由に集まる勉強会があり、新制大学の諸課題について話し合っていた。特に、質的諸案件のレベル・アップに向けて財政面での援助が不可欠なことから、その件がしばしば話題となり、国立大学予算については、一般会計から切り離して特別会計とした方が若干なりとも増額し易くなるのではないか、という意見が多かった。

実は、われわれ下っ端の者は知らなかったが、この頃、すでにこの特別会計化の件は、文部・大蔵の両者間の上層部ではテーブルに乗っていたらしく、昭和三十九年（一九六四年）からの実施を目指して、着々と進行中という状況にあったのである。

それはさておき、この特別会計制度の話とも関連して、大学の管理運営制度もしばしば話題となったが、特に印象に残ったのは、メンバーの一人である山中光一氏（昭和二十八年（一九五三年）入省組、理科系、後に科学技術庁へ転籍）の提案による「国立大学公社論」であった。当時、三公社と呼ばれていた、国鉄、電々、専売と同じように国立大学にも法人格を与え、国からの支援金と大学自身の収入（授業料など）とで財政を賄い、ある程度の自主性を持って運営するというもので、全国立大学を一本化するか、大学毎に別法人とするかは、さらに検討を要するというものであった（と思う）。

もちろんこの案の最大の問題点は、財政面である。米国のランド・グラント・ユニバーシティーズのごとく、国などから多額の資産や資金の提供が受けられれば問題はないが、日本の現状としては、その可能性は皆無に近いし、民間からの多額の寄附も期待できないだろう。さらに自己収入が主として授業料頼みとあっては上記三公社とは次元が異なる。

ただし、大学自治の精神に関わる管理運営問題については、法人格を与えられた以上、自主的に整理が可能ではないかというメリットはあるかもしれない等の点が錯綜し、また、東大等のごとく歴史も古く、規模も大きい大学と、新興の小規模大学とでは、事情も異なり意見も異なって問題を複雑化させるかもしれない恐れもあって私自身は公社化による国立大学の自主的、自律的管理運営という点に魅力を感じつつも賛否を表明しかねてもいた。

その後、昭和四十九年（一九七四年）に、以前、東京工業大学の教授を務められた永井道雄氏が文部大臣に就任され、五年前の昭和四十四年（一九六九年）に出版された同氏の著書、『大学の可能性（実験大学公社案）』がマスコミの話題ともなったので、われわれの間でも山中光一さんの提言と、永井道雄氏の著作がほぼ同じ頃だったと気付き、不思議に思ったものである。

ただ、いずれにしてもこの「大学公社案」は、永井大臣の在任中、ご本人の口から出されたことはなかったようで、多分、その欠陥ないしは問題点については、自ら承知しておられたのだろうと推察している。

イ．文部事務次官退任時の遺言

臨時教育審議会の提言を受けた大学審議会が発足した昭和六十二年（一九八七年）九月から二〜三年を経過し、大学審議会が活発に論議を重ねていた頃、時は平成と変わっていたが、私は高等教育局長から文部事務次官となり、そろそろ退任の時期に達していた。

この頃の政府全体を通ずる大きな課題に、行政改革、膨張した各省やその附属機関をスリム化することがあり、特に附属機関についてはイギリスのエージェンシー（「外庁」と訳されたこともある）制度に範を取って、法人化するという方向が有力となっていた。もちろん、国立大学についても全国的にその規模は大きいためこの問題のターゲットの一つとして取り上げられるようになっていた。

私は、この問題に関して国大協が反対したり内部対立したり、学生が騒いだりという状況が起きることが一番の心配事で、行政改革面を強調されるのではなく、大学改革の中の大きな課題として対応する方向で何とか関係者が納得するような軟着陸の方途を考える必要を感じ、何人かの後輩に「これから五年間くらいの間にはこの件は必ず決着を付けなければならないときが来る。ついては、着陸地点をある程度想定し、国大協関係者ともネゴシエーションを重ねておくこと――これだけが私の遺言だ。」という趣旨のことを言っておいた。

ウ．国立大学法人制度の出発

私の予測は、二～三年外れたが、平成十年（一九九八年）には中央省庁等改革基本法が、そして平成十一年（一九九九年）には独立行政法人通則法が成立し「国立大学の独立行政法人化については、大学の自主性を尊重しつつ大学改革の一環として検討し、平成十五年までに結論を得る。」旨の閣議決定が行われ、有馬朗人文部大臣（元東大総長）も、また国大協も、文言はさまざまではあるが、独立行政法人制度をそのまま国立大学に適用すべきでないとの条件付ではあるが、検討を進めることを了解するに至った。

平成十二年（二〇〇〇年）の夏頃だったと思う、私は、文部省高等教育局の杉野剛くんの訪問を受け、国立大学法人化問題のそれまでの経緯について説明を受けて、新設の「国立大学等の独立行政法人化に関する調査検討会議」のメンバーとして参加を求められた。私は、十年近くも前の、私の退職時の遺言などすでに忘れられているだろうし、今さらロートルの出番でもないと思ったが、国からの財政援助のことだけは何とか発言しておきたいという気持ちもあって、参画することにした。

会議に出てみると、全体会議では京都大学の長尾真総長の主査の下で私が副主査、組織業務委員会でも東北大学の阿部博之総長の主査の下でこれまた私が副主査という大役を与えられたが、長尾先生、阿部先生とも、司会をされるだけで、ニコリともせず雑談にも全く応ぜず、ご自身の意見を発言することも少なく、恐らく国大協や全国の大学を背にした責任感の故か、全く厳しい姿勢を貫いておられた。

私は、文部当局の諸君がキチンとまとめられた原案を信頼していたし、(年齢によるボケもあったのか、今では詳しい内容がほとんど頭に残っていないが、)「国立大学の責務の重要さにかんがみ運営費交付金等の援助については、特段の配慮が行われるよう、法文に明記してほしい」旨の発言を、委員会と全体会で二回発言したが、特にこれをセコンドされる発言も耳にしなかった。後日、法文の第三条の「国は、この法律の運用に当たっては、国立大学及び大学共同利用機関における教育研究の特性に常に配慮しなければならない。」という規定を熟読して、

「まあ、仕方がないか……」とつぶやいたものである。

その後、さらに関係法案の成立後は各国立大学等を、便宜上一括したような設立準備委員会が催され、私が、有識者の一人として、この委員会の座長を務めたが、この時点を以って、私がこの問題に関心を持った昭和三十三年（一九五八年）以来、平成十五年（二〇〇三年）国立大学法人法が誕生するまで、実に四十五年に及ぶ、国立大学の法人化に係る懸案には一応のピリオドが打たれたわけである。

この国立大学法人への転換ということが今後の国立大学の進展にどんなプラスどんなマイナスをもたらすことになるのか、さらに二十年、三十年という月日がなければ評価はできないだろう。ただ、国立大学法人への転換が済んだ後、平成十八年（二〇〇六年）に刊行された佐々木毅氏（元東大総長）の著書『知識基盤社会と大学の挑戦――国立大学法人化を超えて――』によって、同氏が参議院での参考人として国立大学法人法を基本的に支持するという立場を表明された上で、今後、大学と社会との関係を大きく組み替えていくことが大きな課題という、大所高所に至った意見を述べられたことには賛同する気分が強かった。

さらにまた、このたびの法人化は「行政改革ではなく大学改革なのだ」という基本的立場を貫いて対応され、私の言う「軟着陸」に成功された有馬朗人氏（元東大総長）と遠山敦子氏

（元文化庁長官、元高等教育局長）の大学問題に深い識見を持つ二人の文部大臣のご指導により、国大協幹部の諸先生とも必要な意思疎通を図りながら、ここまで進めてこられたことを側聞するたびに、これを幸運とも思い、また関係の方々には深く感謝している。

七．大学改革とは何だったのか

ところで、私の虎ノ門時代を通じてのテーマ・ソングだった「大学改革」とは一体何だったのか。その時点では、夢中で対応したのかもしれないが、今にして思えば、疑問なしとしない。

ただ、前にも記したように、第二次世界大戦直後の新学制スタートのときの、中等教育レベルの上に存在した各種の学校を、全て「大学」とする制度設計は、今でも「乱暴」の批判に値すると思っているし、このときの「乱暴」を漸次、修正を図りながら、しかも、激しい時代の変化、つまりは、大戦後にはしばしばあるという科学技術の急激な進歩と社会的な思想の変革にも対応しつつ、新制大学の前進のために微力ながら前向きに努めてきた。——それが大学改革だったと自分なりに納得するようにしている。

この件についての、現在までの方向は、大学審議会の二十八回に及ぶ答申・報告と、平成十五年（二〇〇三年）の国立大学法人のスタートによって歩み始め、歩みを進めつつある。

それにしても時代の動きは速い。「老兵は死なず、ただ消え去るのみ」の言葉は不正確ではあるが、これが現在の心境である。

八．その他、余録として加える二篇

以上が、私の虎ノ門時代に関わった大学改革関係の概要であるが、これを読み返してみて、読者の方の理解を深めていただくために、大学改革の本流というわけではないが、やはり重要な事柄として、説明を加えておきたいことが二篇、いずれも新構想大学の仲間として先に若干だけ触れたが、新教育大学と、初中教育教員の資質向上の問題、そして、新しい教育方法の問題として、最近の新型コロナウイルス感染症問題とも関連して、注目されつつある方式の代表としての放送大学の問題について、説明を特に加えたいと思った。

以下、これら二件についての説明を追加する。

ア．初中教育教員の養成・免許と資質の向上

私は、昭和四十六年（一九七一年）から五年くらい大学（学術）局教職員養成課長の任にあった。それまで、いろいろなポストを、ほとんど一年くらいで異動させられていたにもかかわらず長期在任、いわば塩漬けになった、との印象であった。多分、当時の木田宏大学学術局長が、私が就任報告に伺ったときのお言葉、「私は、教員養成など全く関心がない。君が好きにやればよい」に唖然とし、木田大学学術局長と、新米の阿部教職員養成課長の間に冷たい空

気が流れた。――その結果が五年余の塩漬けだったのかと思っている。この木田発言は、すぐに木田氏本人に跳ね返るのだが、それはさておき、近代日本を象徴する学制は、明治五年（一八七二年）八月に公布され、明治六年（一八七三年）から全国的に施行された。もちろんこの学制は、世界にも類のないくらい近代的なものであったが、必ずしも理想のままに実現、実行されたわけではない。しかしこの難行苦行の中でも、まずは、小学校レベルに優れた小学校教員の養成、確保が必要であると、学制の公布以前、すでに明治五年（一八七二年）五月に官立の東京師範学校を創設された先人の見識には、敬服をせざるを得ない。

その後、紆余曲折はあったが、女子師範の創設、師範学校の教員養成のための高等師範、女高師と、次々と増設され、師範系の大きな学校体系ができあがっていた。ただ当時の、いわば「御時世」の必然的な結果として、大日本帝国の発展が最大の目標となり、このための教育、このための教員養成が目的となったため、特に師範学校系での教員養成は、「順良、信愛、威重」の三気質（特性）を備えること、そのために型にはめ込むようなトレーニングが重視されるといった方向に進んだ。

もちろん、このような師範学校系を中心とした教員養成だけでは量的に教員の需要に対応できず、各種の検定制度、任用資格、代用教員などで不足をカバーしたが、当時の仕組みは複雑すぎるので、ここでは省略したい。

戦後の初中教員の養成免許の全体構造は、新学制の実施とも関連してかなり大きな変革となった。まず第一に初中教育教員の養成についてのレベルが、突如二段跳びで大学（新制）レベルに跳ね上がったことである。正確に言えば戦後の旧制度における一般の師範学校は、旧制の中学校、高等女学校と同じレベルに位置付けられていたものが、戦時中の昭和十八年（一九四三年）に、突然、専門学校レベルに引き上げられ（この事情は、私の記憶から薄れている）、終戦後の学制改革で、原則四年制の新制大学枠にまで跳び上がったのである。ただし、短期大学レベルでも、免許状は与えられたので、短大の他、四年制の教員養成学部にも、しばらくの間（教員の需給が、ある程度安定するまでの間）、二年制の教員養成課程が存在したことは、あまり知られていないかもしれない。

この教員養成のレベルアップとともに、「開放制」と呼ばれた、特に教員養成を直接の目的としていなくとも、一般の大学で教員養成課程としての認定を受けたところを修了し、必要な科目、単位を取得していれば、免許を受けられるという制度もでき、教員養成は大きく一般大学に開かれたものとなった。

そして、免許制度は全体に整備され、戦前以来の旧制度のような、かなりあやふやな、無試験検定や代用教員などの制度も、免許状主義の名の下に整理され、初中教育の教員については必ず、普通免、仮免、または臨時免のいずれかを取得することが要求されるようになった。

私が教職員養成課長に就任したのは、繰り返しになるが、昭和四十六年（一九七一年）で、上記のような（極めてアバウトな説明で恐縮だが）制度面での対応がおおむね一段落した頃であり、中教審の四六答申や、それに前後して、教育職員養成審議会（以下、「教養審」という。）からの建議もたびたび行われ、教員養成大学・学部の整備、免許基準の改善、初任者研修の充実、現職教員の研修のための高等教育機関の設置、教員給与の大幅な改善など諸々の提案が行われていたが、私の心中を常に占めていたのは「教員の社会的地位の向上を図る」ということであった。いつの頃からだったかはっきりしないが、おおむねこの頃からだったか、特に、初中教育の教員について「デモ・シカ先生」（教員にでもなろうか。教員にしかなれない）という教員の社会的地位を貶めるような言葉が使われはじめ、また子供たちが先生と呼ばずにわざと「セン公」と陰口をきくような風潮、これを何とかしたいというのが私の念願であった。

私の父は栃木県足利市の近郊の中クラス程度の農家の出身で、栃木師範で学び教員の道を選んだが、その当時、師範卒と言えば、村ではインテリに数えられ、村の中心人物となっていくルートであった。それが戦後は、「二段跳び」と呼ばれたように師範学校そのものは新制大学制度に組み入れられたが、内容は貧弱のまま、充実策は不十分、それに対し児童生徒の親たちは社会全体の教育水準の異常ともいえる向上により、教員と同等ないしはそれ以上の学歴、資格を持つようになっており、そういう立場から教員を見下ろす傾向ができていることを感じていたからである。

この課題に関しては、まず、教員の給与を一般公務員などと比較してもすぐに分かるくらいに一段と引き上げること、第二に、教員の学歴を、これまた大学卒の一般人より上の修士課程レベルを標準として引き上げを図ること、そして第三に何よりも世間一般から信頼されるような（師範時代の順良、信愛、威重の三気質とは異なる）人格の陶治や、教育面での実力の向上を目指し、初任者の段階から、教員としての生涯を通じての研修の仕組みを整備することなどを、私の目標と考えたのである。

そして、その最初の給与引き上げ問題については、初中局サイドの努力と、特に与党の文教族と呼ばれた先生方の応援により、まず昭和四十六年（一九七一年）に制定された「公立の義務教育諸学校等の教育職員の給与等に関する特別措置法」（いわゆる「給特法」）の成立により、従前からの宿題であった教員の超過勤務について、本俸に相当する性質を持つ「教職調整額」が支給されることになって解決され、さらに昭和四十九年（一九七四年）には、「学校教育の水準の維持向上のための義務教育諸学校の教育職員の人材確保に関する特別措置法」（いわゆる「人確法」）も制定され、同法の第三条に「義務教育諸学校の教育職員の給与については、一般の公務員の給与水準に比較して必要な優遇措置が講じられなければならない。」との明文の規定が置かれて、かなりの前進をみたのである。

次の教員の学力や指導能力の水準の向上の問題は、大変な難問であった。

私が、この問題で頭を悩ませていた昭和五十年（一九七五年）頃のことである。

当時の小中高校の教員数は約八十七万人、一応平均三十年ぐらい在籍するとしても毎年の新規採用は三万人近くにもなる。当時はいまだ大学二年修了あるいは短期大学卒のレベルで免許状を取得した者が、毎年の新規採用者の中にかなり存在した時代であるから、これを全員大学卒レベルに揃えることを目標としてさえ容易なことではない。ましてや、全員修士課程修了というレベルを目指すことなどは論外の沙汰であろう。

さらに修士課程での教育・研究の実態についても（当時は東京学芸大学、大阪教育大学にのみ修士課程がやっと置かれたばかりの時期であったが）、修士課程レベルの実力を持つに至っているか——という不安もあった。

そのようなことをあれこれ考えた上で、これは、一気に全体に適用するものではなく、中堅教員を対象とし、現職教員の研修の一環として、国内の大学院へ内地留学をさせ、現場に戻った後には、指導的な役割を果たしてもらう他はない、との結論に達した。当時、中教審の四六答申も出されて、似たような案も提示されており、まず既存の三大学に的を絞って、その教員養成学部を分離独立させるような形での新構想大学にこぎ付けたのである。

これを独立の大学院大学とするかどうかには、やや躊躇する気持ちもあり、入学定員を二〇〇人の学校教育学部を置いた上に、入学定員三〇〇人の、主として現職教員を対象とする大学院修士課程を置いた。

これまで、既存の教員養成を目的とする大学や学部では、大学自身の教員組織が不十分であり、修士課程設置の申請をすると大学設置審議会の審査で落ちるおそれがあるため、東京学芸大学など二～三の例外を除き、修士課程を持たないまま逼塞しているのが全国の教員養成大学・学部の大部分であったが、この新教育大学が大型の修士課程を持ち、現職教員の受け入れを目的に掲げて登場したことは、既存の大学に大きな刺激を与えたらしく、自らの努力により大学の教員組織を整備した上で、現職教員の受け入れに配慮する修士課程が次々と設置されてきたことは、よい結果だったと思っている。

なお、これらの大学修士課程の増設とも関連して、修士課程卒を基礎資格とする教員免許制度の仕組みは、やや遅れたが、昭和六十三年（一九八八年）の免許法の改正により新しい仕組みとして形成され、免許状は大きく、普通、特別、臨時の三種に分けられ、普通免は基礎資格において修士ならば専修免とされるなど、かなり全体的に整理されてきた。

次にもう一点、教員には、初任者の段階から生涯を通じて、世間一般や子供たちにも信頼されるような、人格の陶冶や実力の向上が期待されるため、研修が必要ということであり、そのために特に初任者の段階での試補制度などが、たびたび提案されてきた。これが、ついに実現に向かったのは昭和六十一年（一九八六年）の臨教審、同六十二年（一九八七年）の教養審の答申により「初任者研修制度」と性格付けをされ、採用後一年間を条件付任用期間とし、指導教員の指導を受けて研修を続けるものとしてセットされたことである。

ところで、さかのぼれば戦後の新学制の検討に当たり、教員養成のあり方については二つの考え方が対立した。一つは多分、戦前の師範制度に対する反感が強く影響していたものと思われるが、南原繁氏（東京帝大総長）に代表されるアカデミシャンズと呼ばれたグループで、要すれば、教員はその担当する専門分野についての知識能力を持っていれば十分で、それ以上、教えるためのトレーニングのごときものは不要というかなり極端な考え方であり、もう一方は、木下一雄氏（東京第一師範学校長）をはじめとするエデュケーショナリストと呼ばれたグループが、教育には、専門分野の知識能力だけではなく、それを子供たちに理解させ、身に付けさせるための、教員としての指導力が必要だとする考え方であった。

この対立は、勝ち負けを言うような事柄でもないと思うが、アカデミシャンズと呼ばれた方々には、師範学校について教員志望者を一つの型にはめ込むトレーニングをするところという思い込みがあり、トレーニングという押しつけ方式はだめ、という思い込みが強すぎたのではないかと思う。

教員は、子供たちに物を教える指導力を持たなければならない。そして、父母たちの信頼を受けられるような人格も身に付ける、その第一歩は、大学における教育に委ねるというよりはむしろ現職に就き、子供たちと向かい合って、初めて身に付いてくる。そのための体制は、この初任者研修がスタートであり、次には、中堅教員となってからの、大学院修士課程での再教育等、そして、次第に後輩を指導する立場に立つようになり、あるいは管理職にもなっていく。この段階での研修は、自己研修であったり、身近な教育委員会等の主導による研修であったりするだろう。これで教員としての生涯学習の体制は整うのだと私は思っていた。

中教審の四六答申や教養審の昭和四十七年（一九七二年）建議等で、長く私の肩の上に常に乗っていた、この教員の初任者研修という課題は、十余年を経て、前述のように昭和六十一年（一九八六年）の臨教審、昭和六十二年（一九八七年）の教養審の答申により、当時教育助成局長であった私は、いよいよこの問題に真正面から取り組み、その仕上げに手を付ける立場に立ったわけである。ところが、八月三十一日、初任者研修制度の創設を含む昭和六十二年度（一九八七年度）予算の概算要求を大蔵省に提案したが、その翌日、教育助成局長から高等教育局長へ配置換となり、後任の加戸守行くんに後事を託することになってしまった。

加戸守行くんはその後、初任者研修の予算を確保し、このために一年間の条件付任用期間を設けるなどの法改正も全力投球でこれを実現してくれたこと、法案が通過した日、夜になっていたと思うが、国会から加戸くんが凱旋してきたとき、階段の隅から彼に拍手を送り、酒を一本届けて、「今、一番嬉しいのは君だろうが、二番目に嬉しいのは俺だよ」という伝言を伝えたことは、はっきりと記憶している。

イ．放送大学の創設と成長

放送大学については、先に新構想大学の一つとして簡単に触れたが、他の新設大学とはかなり異質な存在なので、さらにここで、やや詳しく説明しておきたい。

昭和四十年代のはじめ頃、一方では学園紛争が激化する傾向もあったが、他方では、日々急速に変化する社会にあって、国民の間に生涯学習ということが大きな意味を持ちはじめ、また、科学技術、特にラジオ、テレビなどの電波を利用する技術の長足な進歩にも支えられて、教育・学習の分野にも放送を活用しようという気分が盛り上がってきた。

昭和四十二年（一九六七年）、文部省は、いよいよ実用化が目前に迫っていたＵＨＦ及びＦＭの電波について、教育・学習のために全国一波をこの分野に割り当ててほしい旨の要請を郵政省（現在の総務省）に対して行った。

この課題に手を付けたのは、当時、文部省社会教育局長だった木田宏氏（後の第五十一代事務次官）で、社会教育審議会に対して、「映像放送及びＦＭ放送による教育専門放送のあり方について」の諮問をし、昭和四十四年（一九六九年）文部・郵政両省の間に「教育放送連絡協議会」を設け、また、両省大臣から、放送を主たる教育方法とする新しい大学の設立について調査研究を進める旨を閣議に報告した。つまり、これまでの間に、教育専門放送というのは放送大学ということだというイメージが固まってきていたのである。

以降、両省の間で連絡、調整を重ねながら、放送大学について、設立主体をはじめ、その基本的な構想が、各種の会議を設け、会合を重ねて次第に固められていったのであり、一つの設立主体で、大学と放送局を併せ持つという、全く初めての方式のため、双方の基本的な法制度の違いなどもあって、調整に時日を要したが、昭和四十七年（一九七二年）には基本構想、昭和四十九年（一九七四年）には基本計画もまとめられ、さらに、実験番組もＮＨＫはじめ民放の協力も得て四年間も放送されるなど、いよいよ態勢が整ってきた。なお、この間に、文部省内での担当も、社会教育局視聴覚教育課から、大学局大学課、そして、大学局高等教育計画課（大学局庶務課の後身）へと変更になっていた。

このように、放送大学については、十分な時間もかけ、細目に至るまでの具体の計画も策定し、実験放送や需要調査も行うなどして、いよいよ創設のための予算要求という段階に至っていたが、ここには当初から極めて解決困難なネックが存在していた。それは、わが国の放送法制の基本として、「国営放送は行わない。」という大原則が存在していたことである。この問題を避けるため、放送大学とその放送局の設立主体は、特殊法人とする予定であったが、他方国の行政改革というこれまた大方針があって、特殊法人の新設は一切認めないという大きな壁が立ち塞がっていた。念のため、昭和五十二年度（一九七七年度）予算の概算要求において、「特殊法人放送大学学園」の新設を持ち出したが、もちろん全く相手にされなかったようである。

そして、このような時期、大学課長として、大学入試の「共通一次」実施のため予算の確保、関係法の改正など準備万端を整え終わった私が、高等教育計画課長に配置換され、放送大学創設の任に当たることを命じられたのである。私には、補佐役として前畑安宏企画官が付けられた。
夏の昭和五十三年度（一九七八年度）予算の概算要求時期は目前に迫っていた。前年と同じ特殊法人新設の要求をしても通るはずがないことは分かりきっている。しかも、放送大学構想の発案者とも言える十年前の社会教育局長木田宏氏は、今度は文部事務次官の席におられる。私は、苦悩の末、今回はどんなセコイ手段を使っても、何とか放送大学の姿を世に表す、放送大学を生み出す、という決意の下に「放送大学学園」の創設は当面諦め、大学は国立大学で作る、放送は民放に委託する、という方式を取ることにした。

高等教育計画課長に就任して、翌年度予算の概算要求までわずかに二か月の間に、もちろん、佐野文一郎大学局長、木田宏事務次官の了解をどのように取り付けたか、郵政省や与党の文教族・郵政族の先生方とはどうだったか、あるいは、一応、形だけ特殊法人創設の要求をしておいて年末の予算査定時期までの間に要求の内容を組み替えたのか、考え始めると記憶が混乱、自信がなくなってくる。

いずれにしても、この後、年末の予算折衝で、どんでん返しがおきた。この予算折衝は前記の「国立大学プラス民放」という方式で次官折衝に上り、その結果を大臣や党の文教部会の方々と待っているとき、与党の郵政族サイドの方から、この方式に異論が出た、との連絡が入った。「われわれは放送大学の趣旨に賛成だからこそ、ＵＨＦ、ＦＭの全国一波を放送大学に割り当てることに同意してきた。しかるに、それを放棄して、放送は民放に委託するとは何事か、予算案がそのような形で党の総務会に諮られれば、絶対に反対する。」という、まことにもっともな言い分であった。党文教族の主要メンバーの方々が何人もとりなしに走ってくださったが、状況は変わらないとのこと。弱り切っているところへ、木田次官から「大蔵省はこの原案で了承した」との電話が入り、私はいよいよ困惑した。私では処理が無理なので、木田次官の電話には大臣（砂田重民大臣だったと思う。）に直接出ていただき、とりあえず次官折衝を中断して、文部省に戻るよう指示していただいた。

木田次官は異変に気付かれたらしく、青い顔で大臣応接室へ戻られた。与党の奥野誠亮先生、藤波孝生先生などもおられ協議となったが、党の総務会は全会一致方式なので、郵政族サイドのお一人が反対されれば、この案は通らない。したがって、原案は諦めざるを得ないという結果になった。

しかし、「このまま、諦めるだけでよいのか」という声があり私が考え込んだとき、後ろの席にいた前畑企画官が私の背中を突ついて、「課長、センターで行きましょう。センターで……」とささやいてくれた。私はハッと気付いて発言を求め、「このままただ引っ込むのはまことに残念です。私どもには一つ代案があります。放送大学が成立した際には、その研究開発部門として放送教育開発センターを付設したいと思い、かねてから一応の構想は作っておりました。今回は放送大学そのものは諦めるとしても、代わりにこのセンターを創設し、放送教育の研究開発を進めるとともに、放送大学の創設準備もさらに前進させる、そういう機関としてはいかがでしょうか。予算の組み替え案は、三十分で作ります」と進言した。「三十分」というのは、組み替え案を作るには短か過ぎるか、とは思ったが、列席の皆さま方に、闘志を奮い起こしていただくためには、それくらいの決意を表明した方がよいと思ったし、前畑くんも私と目を合わせて力強く頷いてくれた。

きっちり、三十分後、私は木田次官に随行して、大蔵省の次官折衝の場にいた。通常、次官折衝は次官お一人だけしか出席を認められないのだが、このときは、特別に私の随行が認められた。担当の相手方、主計局次長にはすでに情報が入っていたのか、私ども文部省サイドに同情的で、始めから要求の組み替えを了承していただき、組み替え案の方向で内容の詰めを行うようにとの指示を出された。そのまま別室で私と担当主査の間で、要求内容の精査を行っていると、傍らの主計官から、「この際は武士の情けだ、詰めはほどほどに……」との声もかかった。

このようにして昭和五十四年度（一九七九年度）予算は何とか乗り切り、私は局の審議官に昇任して昭和五十五年度（一九八〇年度）予算要求となったが、私は今回は堂々と「特殊法人放送大学学園の設立」を要求するという姿勢を崩さず、そのまま、次官折衝、大臣折衝へと折衝レベルを引き上げ、最後は三役折衝で「文部省の所管する特殊法人一法人を減らす」との条件付きで「特殊法人放送大学学園」の新設が認められることとなったのである。文部省所管の特殊法人を一つ減らすということは、大学局だけで決められることではなかったが、これは、前年度の経験にかんがみ、放送大学の創設を何とか進めなければ、との思いが、文部省内はもとより内閣、財政当局、そして与党にも浸み通っていた結果であったろう。この一法人減のやり方については省内上層部からは、私（当時は審議官になっていたが）にも何の相談も打ちあけ話もなく進行したものであったが、結局文部省所管の特殊法人二法人を一つに統合するというやり方で帳尻が合わされたのである。

しかし、放送大学の進路には、さらに七難八苦が待ち構えていた。まず国会における学園法案の審議であるが、昭和五十四年（一九七九年）の法案国会提出から、たびたびの廃案、あるいは継続審査の取り扱いとなり五十六年（一九八一年）の国会で成立するまで足かけ三年。野党の反対もあって、審議時間も百三十三時間超と、文教関係法案の最長記録を更新するなどのことがあった。このようにして「特殊法人放送大学学園」そのものは昭和五十六年（一九八一年）七月に発足したが、さらに追討ちのごとく、臨時行政調査会の答申により、行政改革の一環として放送大学そのものの設置は昭和五十九年（一九八四年）に、実際の学生受け入れは昭和六十年（一九八五年）と延期され、実に構想のスタート以来おおむね二十年もかかって、実質的に大学の運営が始まったという結果となった。

後に、私も、文部省を退官して後、一時期この学園の理事長を務めたが、その際、かつて国会で某野党の文教部会長を務めておられた女性議員の方が参観に訪問され、老若男女入り混じってのスクーリングの様子などを見学された後、「ああいうスクーリングを初めてみました。私どもの党は、何でこんなよい構想に反対したのでしょう」と質問されて唖然とし困惑したことを覚えている。

放送大学はその後も発展を続け、もちろん全国各地にスクーリングのための学習センターの配置も終わり、大学院も創設され、今では全国の大学に広がりつつある放送を利用した大学教育の先達として活発に教育・研究を展開している。

二〜三年前から感染が拡大し、国民全体に、大変な悪影響を及ぼしている新型コロナウイルス感染症により、全国の大学もその教育活動に甚大な被害を受けたようだが、大学教育における放送の利用はこの放送大学を先達として急速に進んできており、このコロナ禍の中でも役立ったことだろう。

第二章　「大学改革」の軌跡から、ややはずれた私の足跡

前章のはじめにも書いたとおり私の虎ノ門時代は常にその背景としてあるいはテーマ音楽として「大学改革」ということが流れていたと思うのだが、その道は必ずしも真っ直ぐではなく、当然のことながら横道へ逸れたり大きく曲がりくねったり障害や事件にぶつかって途切れ途切れになったりしたことも少なくなかった。この第二章では、そのような直接の「大学改革」ではない事柄を、特に系統的ではないが思いつくまま述べておこう。

一．日教組等との遭遇と対峙

ア．日教組等との遭遇

私は昭和三十七年（一九六二年）四月、宮城県教育委員会行政課長（正確に言えば、若すぎるとの理由で「行政課長心得」となっていた。）として赴任を命じられ、当時の特急で六時間、

仙台到着は真っ暗になっていたが、東京まで迎えに来た県の行政課長補佐加藤文二さんの案内で公立共済の白萩荘（現、ホテル白萩）に到着、その夜は寝酒二本で夜具に入った。上野駅出発時の上司、友人たちの盛大な見送りに比べて出迎える関係者の姿も見えない駅の様子から、あまりの落差にかなり気落ちがした。

翌日は早速、辞令を受ける間もなく石巻方面の高校の入学式に出席、教育長代理として祝辞を述べ夕方になってやっと仙台に戻り、教育長・次長の迎えを受けて辞令をいただいた。行政課の職員たちにはあまり歓迎の雰囲気がないことに落胆し、「これは何かあるな」との予感を得たが、山下忠教育長は古武士のごとき立派な人格、高橋彦治次長は優しくて酸いも甘いも嚙み分ける叔父さんのようなタイプで、かなり救われた。

三日目には早速二つの組合（宮城県には日教組に属する小中学校教職員の「宮教組」と全国高等学校教職員組合に属する「高教組」とがあった。）から連名で交渉の申し入れが来ており、初めての団交に臨んだ。まず第一回だからごあいさつかと甘くみたのが大間違いで二十〜三十人しか入れない会議室に三百人もの組合員が押しかけて、廊下まで超満員の座り込みという状態となった。

イ．初見参の組合交渉

当時の日教組は昭和二十年代の後半あたりから盛り上がりを見せてきており、昭和三十二（一九五七）〜三十四（一九五九）年の勤務評定阻止闘争、昭和三十三（一九五八）〜三十七

（一九六二）年学力調査反対闘争などでストライキを含む闘争を組むなど跳ね上がりをみせてきていた。私の赴任した昭和三十七年（一九六二年）頃には、組合員の教育庁への座り込みも頻発、県の本庁舎から三十メートルほど離れた古い木造の二階建の教育庁の庁舎は軋んで崩壊するのではないかと気にかかるほどであった。

この初めての交渉は私一人での対応となった。行政課の職員は一人もその場に顔を出さない。宮城県への文部省からの出向は私で六代目となっていたにしては、何とも皆の態度が白々しい。結局これは先輩たちの中にあまり評価されていない人もいたのだろうと推察し、ここは私が頑張らなくてはと腹を決めて交渉に取りかかった。交渉は結局三〜四時間くらいに及んだと思うが、終わって行政課の部屋に戻ると、すでに退庁時間を過ぎていたらしく部屋には加藤文二課長補佐と総務係長（名前は失念した）の二人だけが残って、将棋を指していた。

ところで私は大学学術局の出身、初中教育の分野の学力調査にはほとんど知識がなかったので、常識の範囲内で何とかこなし切ったが、組合側が嫌がらせにマイクをセットしたことについては「マイク、大いに結構、両者の発言が全部入るのだから、お互いの責任を持つのによい。今後は私の方で用意しよう。」と言ったら組合側が困惑したらしく、すぐにマイクを片付けてしまい、次回からマイクを持ち込まなくなった（私は本当にマイクがあった方がよかったのだ）。また執行部が一般組合員に交渉が終わるまでは、日当、旅費を支払わないことを取り上げて、組合員に昼食も取らせないなど非人道的だと攻撃したり、いろいろセコイことも加えて組合いじめと見られるようなこともやった。

ウ．恩師とのニアミス

このようなことで行政課の課員たちには一言も文句を言わず、また団体交渉を逃げることもなく組合交渉には毎回私一人で当たっているうちに、徐々に課長補佐の加藤文二さん、法規係長の三浦徹さん、調査係長の嶺崎憲房さんなどが、自然に私の後ろや横に付いてくれるようになり、助言もしてくれるようになった。そして赴任以降、半年もしないうちに課員全体が私を応援してくれるようになり、交渉が終わったあと、彼等と呑む機会もどんどん増えていった。

その秋の学力調査そのものは、宮城県では結局あまり大事に至らず、暮のボーナスの方に課題が移った。宮城県教育庁では職員団体への対応は、本来、私の行政課ではなく学務課の所管だったが、この課長が変な人で、組合交渉には一度も出て来ない。組合側と約束した交渉の当日になると、必ず病状（何病か知らないが）が悪化したためと称して欠勤となる。学務課長補佐の元小学校長だったヤナイさん（漢字は忘れた。）が私のところへ来て代理を頼む。仕方なく私が引き受ける。こんな日が続いた中でも私は組合側の要求の内容を常に厳しく批判していた。「この要求の金額の根拠は……」「教員だけでなく事務系職員もか、県と市と両方か、全体でいくらになる、県民所得に対する割合は、財源はどこにある……何だ、そんな計算もしていないのか」問い詰めると彼等は何の説明もできない。

そんなある日の団交の際、県教組の書記長が、急に得意顔になって、「今回の闘争では、宮城県は日教組の拠点闘争地区の一つに指定された。日教組本部から桂公平副委員長が来て阿部課長をギューという目に合わせると言っている。」とのこと。これを聞いて私の顔色が、若干変わったのかもしれないが「どうだ、驚いたか。」と彼らは嬉しそうだった。

私が驚いたのは書記長が喜んだような理由ではない。この桂公平先生というのは私が都立上野高校生だった時期、私たちのクラス担任で、私が級長、二人で協力して、アウトローや変わり者が揃った三年三組を治め、卒業後も正月などに必ず酒を呑みに伺うという切っても切れない師弟の間だったのだ。

論争すれば、高校時代からの経験で必ず私が勝つ、恩師をそんな目に合わせたくない。弱り切っているうちに、その日が来たが桂先生は現れず、違う副委員長が来たので、これは何なく追い払った。

そして明けた正月、帰京して例年のごとく桂先生宅を訪れると「いや、あのときは困った。宮教組からの説明に君の名前が出てきたので、彼らが帰ったその直後に他の副委員長に交代を頼んだのだよ。」とのこと、それを話の種に盃を重ねたがとんだニアミスだった。

余談になるが、この桂先生はその後現場に戻り校長となり、全国高等学校長協会の会長になり、定年後は私の紹介で某私立大学の附属学校長になり、後に述べる私たちの上野高校無心会の永久顧問として毎年の会合にも出席され、親交を重ねた。亡くなられたときは娘さんの関係で某新興宗教による葬儀となってわれわれ部外者は入場を拒否されたが、頼み込んで私だけが列席を許され先生の遺影に別れを告げた。

エ．文部大臣と日教組委員長との会談

宮城県以後、私はまた大学行政に戻ったので初中教育関係が主体の日教組との接触はほとんどなく、またこの間に日教組も闘争姿勢をやや緩め、闘争よりも参画といった方向もみえてきたので、日教組はじめ幾つかの全国的な職員団体の長と大臣との会談が時折持たれるようになっていた。

昭和五十九年（一九八四年）、私は文部省の機構改革によって生まれた教育助成局（従来の初中局を教育内容担当の初中局と教育条件担当の教育助成局に二分割したもの）の局長として教職員団体関係をも担当することとなり、中島源太郎文部大臣と職員団体の長たちの会談を順次セットすることにした。

一番目は日教組の委員長で大臣室の応接セットで私と対面に座り、真ん中に大臣の着座を願おうとしたとき、突然委員長が大臣室の入口で関係者やマスコミなどの整理に当たっていた教育助成局地方課の職員に対し、多分人の整理の仕方が気に入らないということだろう、名前を呼び捨てで怒鳴り付けた。突然のことだったが、こういうときに我慢ができないのが私の悪い癖で、すぐ委員長に対し「ちょっと待った。あんたは何か勘違いをしているんじゃないか。ここは文部省で、彼は文部省の職員だ。あんたに怒鳴られるいわれはない。」と逆に怒鳴りあげた。委員長は口惜しそうに唇をかんでいたが、反論はしなかった。あの場面で本当に喧嘩になれば、大臣との会談はパーになり、いいマスコミの種になるところだった。

後日、日教組関係に詳しい諸澤正道氏（第五十三代事務次官）から電話があり、この件には

直接触れなかったが「君には前から日教組の連中を紹介しておきたいと思っていたんだが……」と言っておられた。多分、文部省と日教組との関係は昔とはかなり変わってきているので、ある程度意志疎通の道をつけておいた方がよいとの助言が含まれていたのだろう。

ただ私のどちらかと言えば一本気な性格はそう簡単には変わりようがない。結局、私は以後文部省と日教組の関係に何も貢献しないまま二年ほどで高等教育局長へ配置換となり、再び大学局関係の仕事に戻ったのである。

二、中教審「四六答申」との関わり

「四六答申」は前にも触れたように昭和四十二年（一九六七年）に「今後における学校教育の総合的な拡充整備のための基本的施策について」と題して中教審に諮問された件についての答申であり、明治初年の学制発布による近代的教育体制のスタート、次いで第二次世界大戦後の民主化等への大転換に伴う学制等の改革、そしてそれに次ぐ「第三の教育改革」として学校教育全般にわたる包括的な施策の提言がなされている。

この時代は戦後における社会事情の大幅な変化と、さらに今後とも急速に進歩するであろう科学技術の発達等を見据え、また若者の旧体制への反抗やシラケ等の諸現象をも踏まえつつ、新学制二十年間の状況も検討し、今後進むべき新しい方向を探ろうとするものであった。このためすでに、昭和三十八年（一九六三年）には「大学教育の改善について」、そして昭和四十一年（一九六六年）には「後期中等教育の拡充整備について」の答申が出されていたが、さらに初等教育まで範囲を広げ、学校教育全体を見直して今後の方針を示したものである。

この答申をいわゆる事務方として全て担当されたのは西田亀久夫氏（当時、官房審議官）であるが、氏は大阪教育大学の助教授から昭和二十七年（一九五二年）に文部省大学学術局学生課長（当時は学生生活課長）として入省された方で、数学専門の緻密な頭脳と学生に対する愛情をもって昭和三十七年（一九六二年）までの十年間、学生課長の職に献身された変わり種であった。その後、西田氏は大学学術局庶務課長を経て昭和四十一年（一九六六年）新設の官房審議官のポストに就かれたのであり、私はこの人事を昭和四十二年（一九六七年）の諮問とそれへのいわゆる「四六答申」の作成にあらかじめ対応するための事前の配置だったと信じている。

この中教審における審議の方向は、高等教育については基本的にそれまで進められてきた改革の方向を国立大学の設置形態のあり方など、さらに重要課題も加えながら全体に前進させようとするものであり、省内でもあまり異論はなかったが、初中教育関係では宮地茂初中局長（当時）を中心に初中教育六―三―三の十二年間の学校制度について「先導的試行」として区切りを変えてみるなどのテストを行う、という点には最大の反対が集まった。

特に小学校を例に取って言えば、すでに明治以来の長く安定した歴史を持ち、これまで大学改革という言葉はしばしば使われてきたが「小学改革」などとは聞いたこともない。それほどの問題にはなっていなかったということであり、また成育途上の子供を対象に試行（テスト）とは何事かというような感情論的な反対もある。社会的にも初中教育関係の改革論はあまりなかったことなどから、西田氏の改革案が審議会の論議をリードした感もある。

いずれにしても当時の坂田道太文部大臣、天城勲事務次官は改革派で、西田氏の立場を支持しておられたが、私も同席したあるときの局長会議では宮地局長が「こんな原案は論議に値しない」とまで言って、天城次官の制止を振り切って退席し、会議が流会となったことさえある。

結局「四六答申」の原案は大臣、次官の支持もあり、おおむね西田氏の原案どおり、中教審の最終審議でも反対はなくそのまま答申として公表された。公表時のジャーナリズム等の反応は私の感覚では七対三くらいの割合で賛成ムードが多かったように思う。

その後この「四六答申」がらみの改革としては、かなり時期はずれたが、初中教育関係では平成二十七年（二〇一五年）の義務教育学校（小中一貫）、平成十年（一九九八年）の中等教育学校（中高一貫）の制度化、昭和六十三年（一九八八年）の初任者研修制度の創設案が実現し、高等教育関係では特に平成十五年（二〇〇三年）の国立大学のための「国立大学法人」創設の実現を挙げておこう。

なお、この「四六答申」は審議会の答申であるから形式的には西田氏の著作ではないが、四年間かかってこれだけの内容を持つ答申の実質的な作成に当たられたわけであるから、西田氏にとってはやはり畢生の大作だったといえよう。答申後のある日、西田氏と二人でコップ酒を嗜んでいたとき、氏は、ふっと「アベちゃん、行政官というのは読み人知らずの歌を詠むものなんだね。」と漏らされた。あれだけの大作に、どこにも西田亀久夫の名は出てこない。西田氏の研究業績にもならない。学者出身の西田氏にとってはそれは心残りだったろう。

三、私学助成一〇%カットの問題など

私が私学助成を担当する文部省管理局長に就任したのは昭和五十七年（一九八二年）の七月、次年度である昭和五十八年度（一九八三年度）予算の概算要求を目前に控えた時期だった。これ以前、すでに私学助成については昭和五十年（一九七五年）に議員立法で、私立学校振興助成法が制定されており、その第四条で「国は、大学……を設置する学校法人に対し、……教育又は研究に係る経常的経費について、その二分の一以内を補助することができる。」ことが法定されており、これは受益者である私学サイドとしては以後経常費の二分の一を目標に補助金を充実・増加する趣旨であると期待され年々補助額が増額されて、この昭和五十七年

度（一九八二年度）には確か経常費の二九・五％にまで達していたと記憶している。

ところがこの頃から、一方で国の財政状況が厳しくなり、行財政改革の見地から、私学助成についても増額を抑制する方針が打ち出されるとともに、他方、この頃一部の私学においてその経営をめぐる不祥事が発生したこともあって、私は翌五十八年度（一九八三年度）予算については増額要求をせず、前年同額に留めるとともに、問題校に対しては補助金不交付の罰を課することも止むを得ないと覚悟したものである。

この件については八月の自民党文教部会で文部省の方針として説明をしたところ、当時特に問題視されていた東京のK大学、九州のK大学と、たまたま頭文字にKが付く、二つの悪い例が取り上げられ経常費助成額の総額についても減額という厳しい方針が有力となってきた。

ただこのときの部会では経常費助成の総額削減という結論には至らず一応保留とされ、次の部会のときに再審議とすることになったのであるが、数日後に開かれた二回目の部会では当時の佐野文一郎次官と担当局長の私との二人だけにお呼びがかかり、議題もこの私学助成問題に限定され、しかも呼ばれた文部省の二人は廊下で待機ということになって、部会内でどんな議論が行われていたのか、われわれには知る由もなかった。

この会議には、意外に時間がかかり不思議に思っていたところ、やっと扉が開き入室を許されたが、室内には確か部会長の石橋一弥先生一人だけで、他の部会メンバーの方々はすでに別の入口から退出されたとのこと、そして石橋先生から部会の結論として昭和五十八年度（一九八三年度）予算の概算要求で私学経常費助成は一〇％の減額要求とするよう指示されたのである。

私はこの結論に至るまでの経緯にも、その結論にも納得できないものを感じていたため「私学全体の中で言えば不祥事は一部に過ぎないので、他の私学にも大きな影響が及ぶ全体で一〇％マイナスというのは厳しすぎるのでは……。ご再考願えませんか」と申し立てたが、温厚な石橋先生は「文教部会としてもう決めたことだから」と言われるだけ、そこでさらに私は「それでは今回の要求段階では文部省と党とで泣き別れというのはダメでしょうか」と申し上げたら「泣き別れとは何か」と尋ねられたので「要すれば文部省から大蔵省への要求段階では前年同額のままで行くが暮の予算査定までの間で党のご方針で一〇％減と決まれば、その時期になれば文部省はその決定に従います」という意味だと申し上げた。この私の説は実は途中で佐野次官からストップがかかり私の発言は封じられてしまったので、実際に上記の言葉がどこで切られてしまったのかは、よく覚えていない。

それはさておき、上記の不祥事が明らかになった二つの私学については、文部省としてはそれぞれ質は異なるがいずれも経営の体制に問題があると考え、経営体制の刷新を厳しく指導することを考えたのだが、当時私ども管理局の審議官には澤田道也くん（昭和三十三年（一九五八年）入省組）というなかなか勇ましい面白い男がおり「二校ともなかなか手を焼くことになるかもしれない。局長一人で二校片付けるのは大変だから一校は私に任せてください、ついては東京の方は私がやります」と申し出てくれたので、九州の件は私、東京の件は澤田くんと、とりあえず分担してみることにした。私が担当した九州のK大学の理事長はかなりしたたかな男で、省内でこれと対決するのも気が進まなかったので、近所のビルで会議室を借り二人きりで対決、理事長の退任と教官サイドの意見が反映する管理体制の確立を迫り、本人からは「局長さんはお若いことを言われますなあ」とか「世の中はそんなことではまわりませんで……」などとおちょくるようなことも言われたが、とうとう辞任に追い込んだし、澤田くんが担当した東京のK大学については澤田くんが午前五時頃その大学に突然に乗り込むという奇矯な行動をとり、これが相手方を驚かしたのか詳しいやりとりは知らないが大学側に刷新を約束させて、これも解決した。

いずれにしても何か吹っ切れないものが残る一連の出来事だった。

四．東京大学と私

ア．まわりから責められて入学

私は東京生まれ、幼少の頃は、現在の文京区向丘や千駄木に住み、越境入学で西片の誠之小学校に通った。東大は徒歩十〜十五分で行けるわが遊び場の一つであり、時々は銀杏の実を拾いに行ったりしていた。戦後通った新制の上野高校は不忍池あたりの低地を挟んで東大と相対する丘にあり、正に毎日「向丘にそそり立つ」東大を目の当たりにしていたのである。

にもかかわらず、進学の年齢になって、文学部にでも進んでジャーナリストにでもなるかなどと思うようになったとき、私の念頭に浮かんでいたのは早稲田大学であり東大ではなかった。その頃はなぜかよく分からなかったが、何となく東大にはしっくりと来ないものがあったのである。今にして思えば、多分、上野高校でも東大志望者が多く、高校一年生のときから進学準備、受験準備に熱中して東大、東大と言っているものがいて、元々反骨精神が強い方だった私はこれに反発を覚え、早大の方へ気持ちが傾いていったのであろうか。

それはともかく、夏休みを終えて、いよいよ受験希望大学を決めて高校に報告しなければならなくなったとき、わが家では長兄（旧制浦和高校から東大医学部を受けて、二度失敗の経験があったため、東大への思い入れが強かったのだろう。）と家計の責任者である母との連合軍により、とにかくお前だけは東大に入れとか私学では家計が保たないなどと責められ、上野高校サイドでも学年主任の安藤外先生がポケット・マネーで東大入試の模擬試験を申し込んでおいて私に受験を迫るなど、ご厚意は分かるが迷惑なことが続いた。（この模擬試験では数万人中たまたまひとけたという成績を得て一応先生の好意には報いたつもりである。）

結局最後は、ふてくされて「どうしても東大にしろと言われるなら何学部でもよい。一番難しいところを受けてやる」とほざいて、当時偏差値が医学部よりも難しかった法学部に入った。弁護士などになる気はなかったが、法学部なら就職なども何とかなるだろうとの気も働いていた。

イ．東大での学生生活

上野高校でのわれわれの学年は、後に「華の新三期」と呼ばれるようになったのだが、戦時中に旧制の上野中学校に無試験で入学した者たちがそのまま新制の上野高校へ移籍したのが大多数なのだからまさに玉石混交で、職員室内での東大入試の予想では「確実なのが三人、あと若干上積みできれば……」という程度のようだった。ところが入試の蓋が開いてみると東大に三十余名、他に東工大、一橋大などの有名国立大や早稲田、慶應などの有名私学にも合格者が続出し、特に東大合格者の数では全国の高校のベスト・テンに入り、前年秋に国民体育大会の軟式野球で野球部が全国優勝したこととも併せて、一挙に「文武両道」、「華の新三期」と、学校の内外で評価されるようになったのである。

しかし「花の命は短くて」ではないが一応合格したのだから喜んではみたものの、入学した東大は駒場の教養学部から本郷の法学部までを通じて学生の教育にはあまり熱心ではないようだった。語学の授業の関係で五十名ごとのクラスは作られていたが、授業方法はたとえばドイツ語では原語の小説を読ませるだけ、他の科目も大教室で多く先生の顔も見えなかったり、ただ自分のノートを読み上げて学生に筆記させるだけの先生もあり、ゼミを希望しても事前に論文提出による審査があって、ごく少数の学生しか参加できなかったり失望することばかりだった。高校時代に授業中何度も立ち上がって先生を質問攻めにしたりしたあの活気には全く出会うことがなかった。

よく大学に入ったら先生の背中を見て自学、自習、自ら勉学に勉《つと》めるべきだと言われる。しかし授業時間中もそれ以外の場合でも、先生の背中すらよく見えないことが多かったのだ。ただそれにしても自ら学ぶべきで、その不満をそして時間的な余裕をアルバイトや遊びに向けてしまったのは今更反省しても仕方がないが、私自身の責任でもあることは認めざるを得ないであろう。

ただ後に昭和四十年頃から起こった学園紛争等における学生の不満の中にはこのような私の経験と同じ種類のものが含まれていたこと、つまり大学側が学生の教育にはあまり熱心でないとの印象を学生たちに与えていたことは大学関係者の方は認識してほしい。

ウ．文学部長室占拠事件の後始末

前章でも触れた学園紛争はおおむね昭和四十年代の半ばには終息したが、その後もその余炎は浅間山荘事件などのごとく何回か起こった。何年だったか忘れたが、東大文学部長室占拠事件もその一つである。これはほとんどが東大以外の他の大学の学生たち（いわゆる外人部隊）によるもので、結局火災を起こして退去させられたのであったが、ある日東大の総長特別補佐（実質、副学長）だった平野龍一先生から、当時大学局審議官だった私に電話がかかってきた。平野先生はその十五年ほど以前に私が東大法学部学生だったとき、刑事訴訟法担当の助教授で、私はレポート提出だけでその単位を認定していただいたありがたい方である。電話の用件は「東大当局としては先般、文学部長室を占拠し火災事件を起こした学生たちについて告訴はしないことを決定したので連絡する」ということであった。私はすぐに「そういう決定は文部省としては了解しがたい。このような悪質なケースについて犯人も分かっているのに告訴しないというのは教育的見地からも考え直していただく必要があるのではないか」と反論したところ、彼は突然「阿部くん、君は私の講義を受けた学生ではないか。師である私がそう判断して連絡しているのだ」と言い募られる。こういう場面になるとかっとして喧嘩する私だが、このときは冷静に「平野先生、大学の授業で師弟だったというのは私事です、今は東大の総長特別補佐と文部省の大学局審議官の話し合いの場であることをお忘れなく。」と反論、先方も気付かれたのか「とにかく、東大の結論を通告しただけだから」と言って電話を切られた。

面白い一幕であった。平野先生の刑事訴訟法は法学部私法コースとしては必修科目だったが、レポート提出でよかったため、学生時代から一度もお目にかかっておらず、結局最後までお顔も知らなかった。

さらに何年か経って、平野先生が東大総長を勤め終えて退官される際、誰からだったか忘れたが、「文部省は平野先生の今後のポストについて何も世話してくれないのか」という話があった。当時私は文部事務次官か大学局長だったか忘れたが文部省がなぜ東大総長経験者にしかるべきポストをお世話しなければならないのか理解できなかったのでそのまま放置したが、その後は別に督促もなかったので放置したままになった。

エ．分離・分割入試と東大

学園紛争の当時マスコミなどでよく言われていた懸け言葉がある。「大学改革と懸けて何と解く――『薄皮まんじゅう』と解く。その心は、餡（案）ばかり」などの類である。もちろん各大学から、大学改革のため、いろいろな提案が出てきた。これらの中で東大のある委員会からは入試方式の改善についての案が出ていた。今では詳しくは記憶していないが、受験生を幾つかのグループに分けて従来タイプの筆記試験を行うもの、小論文を書かせるもの……等々の違うテストを課し画一的でない種々のタイプの学生を入学させるという方式であったと思う。いつか、例によってマスコミがこのような方式に分離・分割方式という名を付けていたが、われわれ文部省サイドも国立大学の入試に複数回の受験のチャンスを作ること、異なった資質を持つ志願者にその実力を表すチャンスを与えるため複数の試験方式をセットし、受験生に選択の機会を与えることという方式は、考慮に値すると考えて推奨することとし、各大学がこの方式の実行を検討し始めた。これが分離・分割方式だったが、この間に東大自身がやる気がないと表明したため他の国立大学も諦めて、実現が危うくなっていた。

当時、高等教育局長だった私は、東大の森亘総長が文部省に顔を出された機会を捕えてこの件についての東大の検討状況を尋ねてみたところ「学内に反対意見が多くてね。……」と言われて、ほとんどやる気がない様子をみせられた。私は「せっかく東大からのご提案で他の大学でもかなり関心を持ち始めているので、本気で取り組んでみられたらどうですか」と申し上げ、「何なら、反対意見の先生方と私とで話し合ってみたい」と提案、森総長は全く乗り気ではないようだったが、結局話し合いの機会は作ってくれることになった。

当日、東大を訪問してみると、森総長の他、有馬朗人総長特別補佐（後に東大総長、文部大臣）をはじめ、教養学部長、文学部長、理学部長など錚々たるメンバーが十人程顔を揃えておられた。こちら側は私の他、佐藤禎一大学課長（後に第六十三代事務次官）の二人だけ。私は佐藤くんにはあらかじめ「今日の会合は一応、俺一人で対応するつもりだから、君は聞いているだけでよいよ。」と言っておいた。これは話の具合によっては激しい言い合いになるかもしれないので、将来のある佐藤くんと東大のお偉方とで気まずい関係にならないようにとの配慮をしたつもりであった。

話し合いの内容は予想どおりで、まず私の方から①受験生たちに複数の受験機会を与えたいこと②受験生の個性もさまざまなので、多様な試験方式を提供してやりたいこと、の二点に絞って文部省側の希望を述べ、大学側からはそれぞれの先生方から意見が出たが、その内容は①東大はかねてからオール・ラウンド型の学生を中心に教育を考えてきたこと②またいろいろな方式を取るとその手間だけでも大学の負担が重くなることの二点だったと思う。出席者の数も多かった故か、この会合は結構時間がかかり、夜十時頃ともなるとウイスキーの水割りも提供されたので、私はますます勢い付き「そもそも入試というのは師と弟子の最初の大切な出会いだったはずである。この先生に教えを乞いたい。この弟子なら自分の後継者に育てよう。最近では無理でしょうが、本来ならそういう出会いの場であるはず、それならばそこに手間をかけるのは当たり前でしょう。」などと言った記憶がある。実質上、司会者のごとく会合を仕切っておられた有馬先生から「最後に確認しておきたいが、たとえば受験者を二つのグループに分けるとして、その割合は九対一でもよいと文部省は考えるか」との質問があり、私は「常識的には七対三くらいが普通だろうが、初めての試みでもあり、私は九対一でもやってみる価値があると思っている。」とお答えをし、「後日さらに検討して東大側の回答を連絡する」との有馬先生の発言で散会となった。

この間、森総長はついに一言も発言されなかったが、翌日、有馬先生から九対一の線で二回に分ける方向で進める旨のご回答があった。

オ．森総長と大学審議会委員辞退問題

この「東京大学と私」としてまとめた項の中で一番後味の悪かったのは、森総長に新設の大学審議会の委員をお願いしたが一時断られてややゴタ付いた一件である。

第一章の「大学審議会の設置は強行採決」の項でも述べたが、この大学審議会は今後の大学行政、大学改革の進め方については、国立私立の大学関係者を中心に合意を固めつつ前進を図ろうという趣旨の下に関係法令を整備して設置されることになったわけであり、委員の任命も閣議マターとするなど、審議会の権威を高める方式も取られたのであったが、いざ委員任命を閣議に図ろうというときになって東大の森総長が大学審委員への就任を辞退されるという珍事が起こった。

少しくどい言い方になるがこの大学審創設は中曽根総理のリードの下に進められてきた臨時

教育審議会からの発案によるものであり、臨教審の審議状況等についてはそれまで東大の森総長、慶應の石川忠雄塾長等の重鎮と常に相談しながら対応してきたものであるから、文部省としてはこれらの方々には当然委員としてこの大学審議会にも参加していただけるものと思い込んでいた。閣議の予定日も近づいたため、念のため公式にお願いにあがろうと面会を申し込んだとき、総長秘書と称する女性職員から森総長の意向として委員就任を辞退する旨を告げられたのである。このときにも、またその後も数日、森総長と直接連絡を取ろうとしても必ずこの名前も肩書も分からない女性が電話口に出て、森総長は多忙のため面会もお断りする、電話口にも出られない、と全く埒があかない次第であった。私は止むを得ず、そのとき東大の事務局長であった同期の瀧澤博三くんに連絡をしたところ、「阿部くんが東大まで来てくれれば必ず総長と会う機会を作る」とのことだったので早速東大へ乗り込み総長室のドアの前に陣取った。結局「すぐ出掛けるのだからあまり時間は取れない」と言われる森総長の部屋で若干の時間話し合ったが、森先生の言い分は「東大の総長としても国大協の会長としても忙し過ぎて、会議の委員就任は無理」と言われるばかりであった。そして、今夕は外国人のお客を招いているので夕食を一緒にするから、と席を立とうとされる。私は食事が済むまで待つとねばる。食事後はどうするか分からないから待たれても困る。いや待ちます、とやりとりが続く。

私は「森先生、すでに十分ご承知のとおり、この審議会は今後の大学のあり方を国公私の大学関係者を中心に協議し、合意して進めていこうというものだから、森先生が委員を辞退されるということは、国大協としてはこの会議に参加しない。国大協として今後の大学問題について意見を言うつもりはない、つまりは国立大学は抜けるということですか。国大協という組織はそういう方針を取るということを決められたのですか。」と確認を取ろうとすると、全く返事をされない。「とにかく忙しくて出席できないというだけだ」を繰り返されるのみ、そしてついには「閣議にかかるというなら私は今総理に直接電話して、多忙のため出席できないので、委員は辞退する旨をお話ししよう」と電話に手を伸ばそうとされた。そこで私は電話機を森先生の目の前まで引いてさしあげて「さあどうぞ、そうされるなら、それも止むを得ません。どうぞおかけください。」と何回もお奨めしたが、森先生自身もこれは一種の脅しであり、阿部には脅しは利かないと悟られたのか、結局電話には手を出されず、ついに「それほどまで文部省が言われるのなら、とにかく引き受けましょう」という言葉を先生の口から引き出すことができた。私は森先生の気が変わらないうちにと思って「それではありがとうございました。明日朝の閣議で決定しますからよろしく」とお礼を言って早々に立ち去った。

これで大学審は無事に発足し、足かけ十四年にわたり二十八件の答申、報告を提出、それ以降のわが国の大学行政の推進に大きな足跡を残したのである。

それにしてもこの一件は、私の虎ノ門時代における一番嫌な思い出である。

五．私が事務次官を引き受けた事情

昭和六十三年（一九八八年）六月のある日、私は突然、中島源太郎文部大臣に呼ばれて大臣室に入った。はじめは何事かと思ったが、高石邦男次官の政界出馬の噂もあり、それとの関連で私の周辺でもキナ臭い動きもあったので、要すれば次官人事にからむことだろうと想像はついた。ただ通常は退任される次官から内示のような形で種々引き継ぎ事項なども加えながら説明があるものと思っていたので、直接大臣に呼ばれるというケースは珍しいな、と思いながら大臣室に入った。予想どおりの件ではあったが大臣からのお話は「内示」というよりは「指示」に近いようなお言葉だったと記憶している。

私は元来欲のないタイプで自己顕示欲も乏しいし出世欲も乏しい。昭和三十年（一九五五年）に就職したときも、東大の学生部の先輩から「君は大蔵省は無理だが通産省には入れると思うから」と通産志望を奨められたのだが、「そもそも経済官庁などに入って財界の人たちと付き合うことなど真っ平ご免だ」との意識が強く、地味な文部省を選んだようなわけだから、「普通に飯が食える程度に昇任できればそれで十分」とも思っていた。

私たち昭和三十年（一九五五年）入省組はわずかに六人、そのうち一人は司法試験を目指して早いうちに退職したので実質は五人。誰が言い出したのか、入省の内定が早かった大﨑仁くん、西﨑清久くん、それに私をも加えられた三人に「花の三十年組の三羽烏」などという仇名が付けられた。わずか五人の入省者のうち三人だけを取り出されてこんな呼び方をされるのはまことに不愉快だったが、こういう分類は以降ずっと付いてまわり、昭和五十七年（一九八二年）七月の人事でも三人並んで局長へ昇任となった。

このときの人事についての内示をいただいた際、私は退任されていく諸澤正道氏（第五十三代事務次官）に「これまで十分な処遇をしていただいたことに大変感謝をしております。ただ、いわゆる三羽烏の陰で、たとえば瀧澤博三くんなどの人材が埋もれているのではないかということが気になります」と今後のご検討をお願いした。そして続けて「文部省レベルの小規模な官庁では局長クラスのポストも十指に足りない、自分は局長にしていただいたことで十分満足しており、これ以上の出世は望まないのでいつでも辞表を出す意志があります。」と申し上げた。そして以後次官に就任された三角哲生氏、佐野文一郎氏、宮地貫一氏、高石邦男氏の諸氏にも次官交代の際には必ずこの点は申し上げてきた。

特に高石邦男次官が就任されたときは、就任直後に高石氏の方からいわゆる「三羽烏」の三人にお呼び出しがかかり「次官交代の際には辞めていく次官は、新次官がその後の人事をやり易いよう、事実上新次官の次の次官まで候補者を予定して引き継ぐのが通例だ。しかるに宮地前次官はそれをせずに君たち三人を並べたままで退任した。そこで私は君たち三人のうちから誰か一人を選ばなければならないという難題を今から背負わされている。まことに迷惑だ。」というような感想を漏らされた。私はその場ですぐに反論するのはいかがかとも思い一応次官室を出たが、すぐに一人だけで次官室に戻り、「私はこれまで次官交代の度毎に自分の進退についてこれこれ）のことを申し上げてきた。要すればすぐにでも辞表を出す意志があるので、少なくとも私については心配の中から外していただきたい。」と申し上げた。

後日他の二人と会ったときその旨を説明したが、二人とも「自分も阿部くんと同じようなことを高石次官に話してある。」と言明していた。真偽のほどは私は知らないが……。

そして昭和六十三年（一九八八年）に入るとマスコミ関係者などが人事について聞きたいらしく私の部屋にもたびたび立ち寄るようになり、いろいろな情報を教えてくれた上で、「ところで阿部さんは自分の部屋でのんびり座っているだけでよいのですか」という質問を浴びせてくる。私は「六年前に局長に昇任させていただいて以来、これ以上の昇進は望まないという私の気持ちは変わりません。上州三日月村は木枯し紋次郎、イッツ・ノット・マイ・ビジネスだったかな。あっしには関わりのないことでござんす、ということ。何なら希望者がジャンケンでもして決めたらどうかな」などと無責任な放言を繰り返していた。

しかしそのうちに私が困ることが幾つか出てきた。その一は企画課の課長補佐だった諸橋輝雄くんのこと、非常に優秀な男で人柄もよく、私としては信頼し切っていた人物である。夏の次官人事でどうせ私は退任するのだから、私の在任中である四月の定例人事で彼の能力がさらに伸ばせるポストへ栄進させようと官房サイドとも話を付けていたのだが、本人は「私は夏には阿部新次官の鞄を持って次官事務室へ行くのです」といってどうしても了承しない。私は彼の気持ちは本当に涙が出るほど嬉しかったけれども結局二〜三日がかりで説得した。

その次に二番目に悩ませられたのは国大協である。高等教育局長として国大協会長であった東大の森総長とは前述のように何度か衝突することもあった。お互いに立場上止むを得ない点もあったかとは思うが、私も立場上、礼を失して迫るようなこともあったのは済まないと思っている。それにしても当時東大総長と国大協会長二つの大きな役目は、やり切れないという森総長に対して、それならばどちらかお辞めになればよい、務まらない役目を二つとも引き受けられて、だから会議に出られないなどと言われるのは無責任でしょう。お言葉どおりならどちらか辞められて他の方に委ねられるべきでしょうと申し上げたのは私の正義感からして当然のことだった。この点はご本人も考えられたらしく、その後、国大協の方は千葉大学の香月秀雄先生が代表を務めておられたように記憶している。

その香月先生（千葉大学長、後に放送大学理事長、学長）がある日突然私の高等教育局長室に見えて「今、中島源太郎大臣にお会いして来た。高石次官が政界に出馬されると聞いたので国立大学協会の総意として、その後任には阿部高等教育局長を昇格させるよう陳情してきた。」とのこと、私はそれまでにも何回か、特に大学設置審議会の席上などで国公私立の著名な学長さんからそんな話を聞かされて、止めてください、私にその意向がないのだから止めてくださいとたびたび申し上げてきたこともあり、一応このことは文部省自体の判断に任せるということで落ち着いていると思って安心していたものだったから、香月先生のお話には頭をかかえるばかり、何とか路線を修正してくださいとお願いするだけだった。

そして第三番には諸澤元次官（第五十三代事務次官）と加戸守行くん（当時教育助成局長

だったか。後に官房長）の連合軍である。

春のある日、諸澤先輩からお誘いがあり諸澤氏の御実家のある茨城の大洗ゴルフ倶楽部だったと思うが、ゴルフをご一緒することになった。これまでも時折お世話になっていたので何となく出席したが、加戸くんもいたので「やあ、加戸くんと一緒にゴルフというのは珍しいね」と言ったのを覚えている。

その夜は諸澤さん、加戸くん、私などでこぢんまりとした酒盛りがあったが、加戸くんが私の隣に座って話しかけてきた。最初に加戸くんらしい皮肉な調子で「自分は阿部さんの行政能力が特に優れているとは思っていないが」と口火を切り「古さん（古村澄一官房長のこと）とも相談してやはりこの際は阿部さんに次官になってもらわないと困るという結論になっているんです。」と続け「実は省内の若手連中の意向も聞いてみようと、もちろん正式な調査ではないが調べてみたんです。」と前置きして「その意向調査の状況から推計すると……」と私が驚くような数字を挙げて、若手の気持ちを汲んでやってほしいという話に持って行かれたように覚えている。諸澤元次官は加戸くんに頼まれてこのような会合をセットされたのであろうが、ついにその場では何も発言されなかったように思う。

そして加戸くんの戦術は、人事の内示は高石さんからやると阿部はきっと辞退すると読んで直に中島源太郎大臣にやっていただくというところまで仕組んだと私は想像している。大臣からの直命なら阿部も押し戻せまいと読んだのであろう。結局そのとおりになってしまった。彼が私には欠けていると言った「行政能力」なるものをこの機会に彼は十分に発揮したようであった。

六、リクルート事件のとばっちり、お粗末だった漢（おとこ）の華道

昭和六十三年（一九八八年）の秋のこと、その年の六月、前項に記載したように私が否々ながら文部事務次官に就任してまだ半年も経っていないとき、文部省を激震が襲った。リクルート事件の発覚である。今から数えると三十四〜三十五年も前のことになるからそのときの関係者はおおむね亡くなり、今はこんな事件があったことすら知らない人も多いだろう。

そこでまず事件の概要はこうである。昭和三十年代に若くして株式会社リクルートという教育関係の情報提供を主な業務とする企業を今でいう起業家として設立された江副浩正氏という人物が年々事業を拡大し、昭和六十年（一九八五年）前後ともなると、さらにその関連会社らしいリクルート・コスモス社の株式を上場公開することになり（どういう思惑だったか私には知るべくもないが）、この未公開株を政界、官界、財界の特定の人々に譲渡、株式公開で価値が高まった分を実質上、賄賂として提供したという事件であり、政界、財界についてはいざ知らず、官界については私の前任の文部事務次官であった高石邦男氏と労働事務次官であった某氏が収賄罪で逮捕、起訴された事件であって、結局は十数年をかけて最高裁まで争ったが平成

十四年（二〇〇二年）有罪が確定したという一件である。以下高石氏の場合に限って述べると高石氏は初めはこの株式の受領そのものを否定、次いで自分は知らなかったが妻が受領していたと供述、ついには自らが文部次官室で受け取ったことを告白するに至った。

東京地検特捜部は周辺の証拠固めのためか文部省の大多数の幹部を含む関係職員から事情聴取をするとともに、文部省の庁舎についてもいわゆる家宅捜索が行われるなど、多分、文部省としては空前の屈辱的な立場に立たされたわけであり、職員たちのショックも大きかった。（ただし現役事務次官である私については事情聴取の呼び出しもなく、また次官室も捜査員が入口から会釈をして覗いただけ、私個人は何の恥ずる点もなかったので入室を奨めたのだが、遠慮してか一歩も立ち入らなかった。）

文部省としてはもちろん、省自身による内部調査が必要と考え高石氏をよく知る立場にあった加戸守行官房長に、主としてこの件を担当させることとし、まず九州の自宅にいた本人に電話で事情を尋ねさせたが完全否定の回答であり、次いで本人に直ちに上京するよう指示をし、この場面は事務次官である私が責任者としてさらに事情を問い詰めたが「後輩に迷惑をかけるようなことは絶対にしていないから、ぜひ信用してくれ」と言うばかりであった。しかしその一両日後には本人が地元九州での記者会見で自ら受領しているのを認めたことが報道され、われわれの高石氏に対する信頼は全く失われた。

またこの件については国会の質疑応答でもたびたび取り上げられ、マスコミの取材・報道も盛んになって、高石氏がリクルート社から受けたたびたびの接待には、古村初中局長も、加戸官房長も同席したケースは見当たらなかったが、リクルートとは関係なく、高石、古村、加戸の三氏はバー、スナックなどでよく行動を共にし「高石一家の大政（古村くんは大柄だった）だ、小政（加戸くんは小柄だった）だ」などと冗談ながら親しい関係にあったことが周知されるようになってしまったし、また齋藤生涯学習局長は別口でリクルート社関係のゴルフ場やスキー場あるいはクラブなどの利用の便宜の供与（接待ではなかったかもしれないが）を受けていたことなども表面化、高石氏を中心とするこれら文部省の一部幹部の行状に対する批判的な世論が固まってきてしまったといえよう。

ところで私は高石グループとも言われた高石、古村、加戸の三氏が初中局を本拠とするのに対し、いわば一匹狼で大学局が本拠で高石氏とは全く交流の機会がなかったし、また加戸官房長とは入省したての頃から別途の交流があり、また古村初中局長とも会えばあいさつをするくらい、ただし加戸くんからは古村くんについて「古さん（古村くんのこと）は阿部さんのことをよく怖い、怖いと言っていますよ。私は阿部さんを怖いと感じたことはないんですがねえ」という感想を、それこそ何回も聞かされ、なぜかは知らぬままに首を傾げたことはあった。

ただし加戸くんが高石さんとは初中局を中心に五〜六回も上下関係のポストで付き合い「役人には例の乏しい剛腕の仕事師だ」と大きく評価し尊敬もしていたのに対し、私は逆に高石氏を端から見ているだけでも気を許せない人だと感じ「敬して遠ざける」ではないが交流を避ける傾向にあった。

加戸官房長には、二つの悩みがあったと思う。その一つは決して悪意はなかったと思うが、嫌がる私を無理矢理に次官に押し上げた結果、こんな問題の処理に当たらなければならない破目にしてしまった。それ故に阿部を庇ってできるだけ加戸段階でことを解決にすすめたいとしたこと。その二つ目は事件の進行中、高石氏の言動に失望の念は大きくなりながらも、やはりこれまでずっと上司であり先輩であった高石氏について、周辺からいまだ高石離れができていないと批判されながらも急に批判派にまわることもできなかったことであった。

そして事件は年を越し、私はタイミングを計っていた。チャンスを狙っていた。文部省の建て直しのために……。大臣は西岡武夫氏に変わっていた。

誰の目からみても有罪という結果はほぼ確実とみられていた。また他方四〜五年ほどだったか、休んでいた中教審を西岡大臣の下で文部省再生のためにも活動再開していただくこととし、さらなる教育改革を目指してこれも四月中には再開の目途をつけた。

その上で、四月十日頃、確か土曜日だったと思うが、私は辞表を懐に大臣室に入り、西岡大臣に周辺の状況を説明するとともに「今がチャンスだと思うので省内の体制を改めるとともに新しい職務に進むこととしたい。ついてはまず私の辞表を受け取っていただきたい。」と申し上げ辞表を提出した。

もちろんこの関係の人事については西岡大臣自身がいろいろと考えあるいは自民党文教族の先生方とも話し合っておられたことだろう。その状況、内容について私は全く聞かされていなかったが、西岡大臣からはすぐに「この辞表についてはこれは受け取れない。今回のリクルート事件についても関連して表面化した高石体制のあり方についても阿部次官就任前のことであり、しかも阿部さん自身が全く関わっていなかったことははっきりしているので阿部さんが責任を取る理由はない。逆に阿部さんには文部省の信頼を回復するためにも留任して文部省の体制を建て直す役を勤めてほしい。」と強く言われた。

この点は私も理屈としては弱いところであったが、敢えて「ナンバーツー論」つまり私阿部は省内では高石次官に次ぐナンバーツーのような地位にあったこと（実際には大﨑、西﨑の両君もおり、私がナンバーツーというわけではなかったが）、その立場にある者として当時の次官である高石氏とそれを取り巻くグループ、また別途にリクルートと交際のあった職員たちについて必要な情報を集め、注意すべきは注意し、正すべきは正すということを行うべきであった。それを怠ったという点では当然「私は知りませんでした。」では済まされない責任を感じている旨を強弁したが、それはその場では言い合うだけに終わり、大臣はこの際交代させるべきだとする幹部の名を相当の数取り上げたりしたが、結局一番基本の私の扱いのところで話が付かず、月曜日に引き続き相談しようということでその日は終わりとした。ただこの話し合いの中で西岡大臣から「阿部さんにどうしても留任を断られたら、自分としては重大な決意を固めなければならない。」という言葉が数回漏れたのは私にとっては大変気になる言葉だった。

大臣室を出て官房長室に入った私は加戸官房長に当日の大臣との話し合いの状況を詳細に説明したが、それにしても西岡大臣の「重大な決意」とは何かが分からない。そのうち突然その数日前だったかある自民党文教族の方から「阿部さん、今後の後始末のことといろいろ考えているだろうが、あんたは辞めちゃいけない。西岡大臣は思い込んだら何をするか分からないところがある人だ。あんたが辞めると頑張ったら文部省が、つぶれるようなことにまで行くかもしれないよ。」とまで忠告をいただいたことを思い出し、はっと気付いた。戦後間もない頃、文部事務次官を務められた稲田清助氏、緒方信一氏、小林行雄氏などは戦前の旧内務省出身だったと聞いた。以来絶えて久しくそのような例は聞いていないが、また、私の知っている例ではいずれも直にではなく局長レベル等として文部省に異動され後に次官に昇格されたケースではあるが、そういう例を念頭に西岡大臣の「重大な決意」が出て来ているのではないか。もしそんなことになったら、文部省の若手職員は絶望するだろう。私は誰から何を言われても文部省を守らなければいけない。それが、日本の教育に責任を持つ者の為すべきことである。

私の腹はこの時点で固まった。

このことについては加戸くんと話す暇もなく私は白金の自然教育園へ躍んだ。土曜の夕刻だったので、私が師と仰ぐ諸澤科学博物館長（第五十三代事務次官）は職員たちと花見を楽しんでおられたが、すぐに私の話を聞いて沈思された結果、一言「斎藤先輩（第四十七代事務次官）に相談しなさい。」とのご助言をいただいた。ところがその夜は斎藤先生とは連絡は取れず、翌朝先方から電話をいただいたが、私の説明は一切聞こうとせず「君は文部省現役職員のトップに立つ最高責任者だ。その立場で責任を持って判断しろ」とのお叱りばかり、このお叱りはそれなりに理解できたし私の腹もいよいよ固まってきていたので、その夕刻は酒でも呑んで休養することにした。

翌日はまず加戸くんに私の決意を説明し彼の了解を得た上で西岡大臣と面会、次官留任の覚悟を決めたことを報告、了承を得て他の幹部の人事問題の詰めに入った。

まず古村・加戸両君についてはリクルートの接待等は高石氏一人だけが対象で二人には全くお呼びがかかっていなく、他に懲戒に価するような事柄もないのでこれは不問とするが、今回の一件でいかにも文部省幹部がグループで遊び歩いているような印象を社会に与えてしまったので、社会の信頼を回復するのが狙いで更迭することとし外郭団体などへ転出させる。

次に齋藤諦淳生涯学習局長についてはリクルート関連のゴルフ場やスキー場あるいはクラブなどの利用について紹介などしてもらっているのでリクルートとは最も縁が深いとは言えるが、これも接待等の意味はなくただ社会に疑念をいだかせた軽率さは否めないのでこれまた更迭することとして外郭団体へ転出させる。

以上の他は全て不問とする、とのことで西岡大臣の最終了解を得た。なお大臣からはさらに数名についての指摘があったが、いずれも私の説明で納得をいただいた。

以上のような結果私は本来一年で辞めるべきところさらに一年、結局二年の在任ということになったが、私に対する毀誉褒貶、特に毀と貶は陰で激しかったようだし、今回の人事で不当に扱われたと思い込んだ某くんなどは、友人・知人などに「阿部は自分一人助かるために俺を売った」などとつぶやいていたらしい。常識で考えてもわずか一年居残りたいために針の筵に座るなどということはあり得ないことだったのに……。

転出となった諸君の後には官房長に、今後を託せる人物として國分正明くん（三十四年入省組）を選び次官見習いの意味を兼ねて省内の安定を第一の目標に気配りをしてもらうことにした。

後日、井内慶次郎氏（第五十二代事務次官）が次官室に現れ「西岡大臣と話し合ってきたが、阿部くんのことはあまり付き合いがなかったので彼の人物をよく知らなかったが、今回の件などで付き合ってみれば、「噛めば、噛むほど味が出てくる面白い人物だ」と話していた」とのこと。初日の大臣とのやりとりで私が「私は漢（おとこ）だ、漢には男の人生美学があり散って行くべき華道がある。」などと言ったことを指していたのかもしれない。

だが、お粗末な漢（おとこ）の華道だった、と、今では恥じている。

（なお、高石氏は結局、懲役二年六か月、執行猶予四年、追徴金二二七〇万円だった。）

02

第二部

虎ノ門交友録

H2　井内、佐野元次官と

第一章
歴代事務次官の思い出

第一部第一章、第二章では虎ノ門時代に私が関わりを持った仕事の面について本流だったこと、分流などで起こったこと等々を述べてきたが、これから書くのは主としてこの虎ノ門時代に上司として、先輩として、同僚として、友人として、後輩として、部下として、親しく接してくださった諸々の方々の思い出を紡ぐ、正にこの書の本体である。何とか書き切れると思って書き始めたのだが、悲しいかな老齢の身、お付き合いした方々の数も多すぎて全てを取り上げる余裕がなかったこと、相手方について記憶がぼやけてしまっていることなど、気に入らない部分も多く、一時はこの企画を諦めようかとさえ思ったのだが、何とか気力を振り絞りまずは先輩次官の方々との思い出から以下のように書きつないできた。忘れた事柄など、先輩や知人、友人だった方々には大変失礼なことも多いかと思うが、どうかご容赦をお願いしたい。

編集部よりのお詫びとお願い

本書第二部にご登場いただいた方々のお人柄や業績を思い出していただく参考に、簡単な経歴を記しましたが、資料等が手元にない方が多く、間違いもありそうです。また、個人ごとの多寡もあり、これらの失礼をお詫び申し上げますとともに、ご登場いただきました方々に、こころより御礼を申し上げます。

◆
◆
◆

忘れられない後輩への思いやり
——第三十四代事務次官　有光次郎さん

有光次郎さんは昭和三十年代の私が文部へ入省したての頃、各部局毎に行われていたOBと現役との懇親会となると、劔木亨弘さん（第三十七代、三十九代事務次官）と必ずお二人並んでご出席になり劔木さんの乾杯音頭に先立って先輩代表としてのごあいさつをしておられた。その頃はよく分からなかったが、後で調べると事務次官としての序列が有光さん、劔木さんの順だったので、冒頭のあいさつと次の乾杯の役割分担もそのように決まっていたらしい。

ちょうどご在任が戦後の改革期に当たっていたため、教育基本法、学校教育法の制定に当たられ、六—三—三—四の新学制のスタート切りもなされたらしい。退職後の民間でのご活躍も素晴らしく、私学の学長・理事長も

有光次郎（ありみつ・じろう）
明治三十六年生、東大法卒（高知県）
○昭和二年入省、文書課長、秘書課長兼大臣秘書官、科学局長、体育局長、教科書局長を経て二十二年第三十四代文部事務次官
映倫管理委員会委員や東京家政大学長、日本芸術院長等を歴任
平成七年、九十一歳で逝去

数校務められた上、日本芸術院長、日本棋院理事長等の要職は数え切れないほど、平成元年（一九八九年）には東京都の名誉都民に選ばれる栄誉も担われた。

こうした肩書きもたくさんお持ちだったが、常に優しく静かな方で私たち後輩に対する思いやりも心に来るものがあった。私が大学課長時代、大学課のＯＢと現役が集まる「大千文会」が行われたとき、会合が終わってＯＢが皆さん退席され、大学課の若手で会合の接待役だった者たちの慰労のために車座の呑み会となったとき、ＯＢで唯一人残られた有光さんが若手一人一人にお酌をしながら全員に声をかけてくださった、あの心遣いに私は心から感動した。

有光さんがかなり老化され日本芸術院の式典の際列席された両陛下への礼を失念されたとき、一部でそれを問題視する声があり、当時文部事務次官となっていた私はその対応には大変苦慮をした。もちろん咎め立てするようなことではないが、ご本人が後で気付かれたときどんなに落胆されるかそのあたりが気がかりで心が痛む思いだった。幸いに川村恒明くんだったと思うが奥様と知己であるとのことだったので、川村くんから奥様に相談をしてもらうと有光さんの奥様から「本人が何よりもそういう粗相があってはならないと気にかける人ですから、この際本人に話して芸術院長のポストなどは辞任させましょう」とのご返事、あの素晴らしい先輩に恥をかかせるようなことがなくて済んだことにホッと安堵の溜息をついたのであった。奥様も素晴らしい方だったと思う。

参院議員から文部大臣に
――第三十七代、第三十九代事務次官　劔木亨弘さん

有光次郎さんの項でも書いたが、各種の会合に有光、劔木のお二人は必ず並んで出席され、劔木さんは有光さんのごあいさつの後、乾杯のために立ち上がられツルツルになられた頭を自分で撫でながら、「文部省のこういう会ではいつも有光さんがあいさつをされるので私にはあいさつの機会がまわってこない」などと会場を笑わせ「カンパーイ」と大声で叫んでおられた。

風貌からしてもやや赤い丸顔、子供たちからも好かれそうなお爺ちゃんという感じの方だったが、政界を志され次官を退官されてまずは福岡県知事に出馬したが落選、望まれて官界に戻り官房副長官、そして二回目の事務次官を務められて後また参院選に出馬されて今度は当選、昭和四十一（一九六六）〜四十二（一九六七）年に

劔木亨弘（けんのき・としひろ）

明治三十四年生、東大法卒（福岡県）

○昭和四年入省、香川県学務課長、教学局思想課長、専門教育局大学教育課長、学校教育局次長、大学学術局長、二十五年第三十七代文部事務次官、二十七年第三十九代文部事務次官

二十八年第三回参議院議員通常選挙当選、四十一年文部大臣

平成四年、九十一歳で逝去

は文部大臣も務めておられる。

劔木さんが官房副長官でおられた頃、漢字に関してある主張をされたことを二件耳にした。二件ともご自身の名前と関連するもので、一件は劔木の劔の字が正式の漢字でないとして字典などにも載らないので不自由しているとのこと、もう一件は亨弘の亨の字も当用漢字になく「とし」と読んでもらえないので人名漢字にも問題があるとされたこと、似ているようだが二つ並べてよく考えると主張の方向が両方共通なのかよく分からない。いつかご本人に伺ってみようと思いつつついに果たせなかった。


ところで別件であるが前章の「リクルート事件のとばっちり、お粗末だった漢（おとこ）の華道」の項で述べた文部省人事についてマスコミに報道された翌朝のことだったと思うが、西岡大臣の指示などで文部行政が歪められているとして劔木さん（当時はすでに政界を引退されていた。）が激怒し早朝からコップ酒をがぶ呑みして止まらない――という情報が飛び込んできた。

私は驚いて確か文京区にあった劔木事務所へ駆け付けたところ、確かに右手に一升びん、左手に茶わんという姿であぐらをかいて呑んでおられる。

「この度のことは全て私の力不足で先輩の皆さまにもご心配をかけ心からお詫びします。それにしてもお体に障りますからコップだけは伏せてください。」と私が涙ながらに訴えたところ、劔木さんは「あぁ、阿部くんか、君はよくやっている。俺の耳にも入っている。よくないのは大臣だ」と、しばらくの間大臣批判を続けられたが「君がわざわざ来てくれた。これ以上心配をかけるのは止めよう。」と自ら茶わんを伏せてくださった。

文部省に対する劔木さんの深い愛着、後輩への思いやり、そしてさらに政界を引退して自分の力が及ばなくなったことの悔しさなどがないまじった怒りと涙だったと思う。

私はただ頭を下げるだけだった。

部下には優しいが、細かい面もあった
――第四十二代事務次官　稲田清助さん

稲田清助さんは私が入省試験で面接を受けたときは大学学術局長に在任であり、当時盛んになりつつあった学生運動家たちの中では格好の批判の対象として名前を知られていたが、会うのは初めて、私に対する特別の質問もなくあまり記憶に残らなかった。

後で入省後の配置が決められたとき、私を大学学術局に取りたいと言われたそうだが人事課長の清水康平さんが強く私を取りたいと希望されたのでそれに譲られたのか、入省時の私の所属は官房人事課となっていた。私も全学連のデモ行進などで稲田さんを標的にする場面にたびたび出会っていたので、その局長の配下でないことには少々ホッとした面はある。

入省面接の後、三年くらい経って稲田さんが次官に昇

稲田清助（いなだ・せいすけ）
明治三十七年生、東大法卒（東京都）
○昭和四年栃木県、五年内務省、千葉県会計課長、十二年宗務課長等から総務課長、秘書課長、教科書局長、初中局長、大学学術局長等を経て、三十一年第四十二代文部事務次官
国立近代美術館長、文化財保護委員長、東京国立博物館長を歴任
平成三年、八十六歳で逝去

任されたとき、偶然省内の廊下ですれ違った。稲田さんは「君、阿部くんだね、もう三年になるかな、仕事はどうだい。」と声をかけてくださった。次官が私のようなチンピラのことを、顔、名前、入省後の年数まで覚えてくれていたことには驚くとともに、好意のようなものを持つようになった。私は入省面接の際、別項でも書いているように内藤会計課長と軋れきを起こしたりしたので稲田さんはそれでご記憶だったのかもしれないが、それから間もなく大学学術局庶務課へ配置換となった。大学学術局庶務課に残っていた稲田さんの評判は少しせっかちで細かいところはあるが、部下を叱責することもなく常に穏やかで記憶力は抜群とのことだった。

稲田さんは昭和三十五年（一九六〇年）に次官を退任された後に二〜三のポストを経て浅野長武氏（旧侯爵で俗称上野の殿様）が二十年近くも務められた東京国立博物館長に文部次官OBとしては初めて就任され、井内慶次郎さん（第五十二代事務次官）の説によれば「文部事務次官は最後に東博館長になれればそれが最高」という経歴を初めてたどられたわけである。

東博館長就任後の稲田さんは毎日館内を視察して歩くなど（運動のためかもしれないが）勤勉そのもので、ときには窓枠の埃を指で拗って部下に見せるなど（おふざけだったのかもしれないが）やや嫌味な面として伝説に残っている。

なお、死去されて後は寛永寺の墓に入られて静かに眠っておられるが毎日東博の様子を背後から見つめているとの噂もあった。

もっと薫陶を受けてみたかった
――第四十三代事務次官　緒方信一さん

緒方信一さんは旧内務省出身ということだったので、彼の経歴に詳しい人は私の身辺にはおらず、戦時中シンガポールあたりに派遣されていたとのことから現地で司政官だったとか特高（特別高等警察）関係だったとか根拠のはっきりしない噂ばかり、中には終戦で日本に戻るときには地元住民による「つるし上げ事件」があったとか、反対に地元住民連名の嘆願状で救われたとかの話が飛び交ったようである。

もちろん私などの軽輩が局長にお尋ねするわけにもいかないので今日でも不明のままであるが、日頃は穏やかで静か、しかも端正な気風が身辺にただよっているという感じの方だった。

ところが生憎なことに局長直属の配下に当たる局筆頭

緒方信一（おがた・しんいち）
明治四十年生、東大法卒（熊本県）
○昭和十八年昭南特別市（シンガポール）警察局長、二十八年入省、三十五年第四十三代文部事務次官
平成二年、八十四歳で逝去

課長の蒲生芳郎さん（後に社会教育局長）は酒好きであまり勤勉タイプでない方だったため気は合わなかったらしい。

私は何の因果かこういう上司に好かれてよく随行を命じられる。ある日、局内課長会議（「局議」という。）の予定があるのに開会が遅れていたため、まだ午後三時頃なのに蒲生課長から近所の呑み屋へ行くからついて来いと言われ止むなく随行した。ところが二〜三十分も呑んだ頃局議が始まるとの連絡があり、私たちは慌てて省に戻ったが局議はすでに始まっていた。蒲生課長はすでに酔っていたためか入室して遅刻を謝るべきところを逆に「私がいないのに、何で会議を始めてしまったのか」と文句をつけた。ここでさすがの緒方さんも切れたのだろう。「蒲生くん、君はいなくてもいいから外へ出なさい」と一喝された。蒲生さんが退席して会議が再開されることになったが、緒方さんは私の方をみて軽くうなずいてくれた。多分「阿部くんの立場、分かっているよ」との心遣いだったと思う。

緒方さんで思い出すのは全国国立大学学長会議での大臣あいさつの作成を命じられたことである。しかも緒方局長からは「格調の高いのを頼むよ。」と付け加えられた。人事課から移ったばかりの新米係長にまだ慣れてもいない大学行政の現状や今後の方向などを含めた「格調の高い」大臣あいさつ文を作れと言われても、私としてはただ困惑するばかり。土曜日で全員が退庁している中で局長室で一人待っておられる緒方さんに気を配りながら、私は事務室でこれまたただ一人苦吟を重ねるのみであった。

とにかく午後三時頃、一応仕上げた原文を「局長の言われる格調の意味も分からないものですから」と弁解を加えて差し出すと、緒方さんは「うーん」と考え込みながら「もう一度考えてみろ」との指示。さらに一時間ほど苦吟したがついに降参して「局長の言われる格調とは美文調などということではない。多分内容の問題だと思うのですが、それだと私レベルで政策を打ち出すようなことは無理です。」と申し上げた。「それでは自分で考える」と私の原稿を持ち帰られ、月曜の朝持参されて私に下げ渡されたが、私の原文とさほど違ったようにも思えなかった。とにかく大変だったができればもっとお仕えする時間があれば……と思ったことである。

文部省入省試験の面接で、まず衝突
――第四十四代事務次官　内藤誉三郎さん

内藤誉三郎さんに初めて見参仕ったのは文部省の面接試験のときだから昭和二十九年（一九五四年）秋くらいのときだったろう。

当時は文部省も小規模の官庁だったから面接官は局長クラスの四〜五人と官房三課長（人事、総務、会計）くらい、こぢんまりとした面接だった。

最初はおきまりの「君が文部省を受験した理由は？」という件、多分人事課長だった清水康平氏の発言だったと思う。私の方からはごく普通に、本来はジャーナリスト志望だったこと、たまたま今年は朝鮮の南北戦争休戦という事態にぶつかり、突然就職氷河期になったこと、そこで家庭の事情もあり公務員志望に切り替えたことなどを申し述べた。

内藤誉三郎（ないとう・たかさぶろう）
大正一年生、東京文理科大卒（神奈川県）
○昭和十一年社会教育局嘱託として入省、初中局庶務課長、大臣官房会計課長、調査局長、社会教育局長、初中局長、三十七年第四十四代文部事務次官
四十年第七回参議院議員通常選挙当選、五十三年文部大臣
昭和六十一年、七十四歳で逝去

ところで「なぜ、文部省か」という質問に対しては「東大の学生部からの奨めでは、大蔵は数人しか採用しないが、通産省は君なら大丈夫だから……」という指導を受けたが、私は金の話は苦手、なるべく金に縁の乏しいところ、そして父親が小学校教員だったこともあり父の希望もあったので、まずは文部省を受けてみようと考えたと答えた。

この段階で内藤さんがこの問答に介入、「君は父親から言われるとすぐそれに従うような自主性、自律性のない男か」ときた。この内藤さんの発言は私の自尊心を大きく傷つけた。そこで私は「公務員試験では志望先を三つ記入するようになっていた。そのワン・オブ・ゼムとして、小学校教員に徹して来た父の希望を受け入れた。それを自主性がないと言われるのであれば、私の意見とは違う官庁のように思うからこの場で辞退させていただく」と立ち上がり、清水人事課長が慌てて止めに入った。さらに問答が続き、文部省の業務のうちどんな分野をやりたいかの質問に「今の若者は精神面と肉体面とで成長がアンバランスになっている。これからは結婚して子供ができてもなお勉強が必要な社会になってくるから、社会教育（この頃はまだ生涯教育・生涯学習といった言葉は世に出ていなかったと思う。）が重要性を持ってくるかもしれない」などと答えると、また内藤さんが割り込んできて「社会教育法には三大原則というものがある。それを言ってみろ。」と質問した。私は「そういう分野に関心を持ちつつあるというだけ。社会教育法も三大原則も知らない。」と突っぱね、また険悪な雰囲気になったが、清水課長の取り仕切りで面接終了となった。

なおここで内藤さんとか清水人事課長とか書いているのは後刻二回目の呼び込みがあったと

き面接官の方々の名前と役職を紹介されたからである。

その二回目の面接は確か大﨑仁くん、西﨑清久くんと、三人一緒だったが大した内容はなく、三人を内定とするから確約書を書けとのこと、私にはなお先刻以来の不快感が残っていたので躊躇するところがあったが「いざとなれば単位不足で留年」という手もあるなと思い、確約書に署名した。

私は結局文部省に入省したが、内藤さんは省内で局長、次官と昇任され、昭和四十年（一九六五年）には政界に出馬、参議院議員となられた。私はそれまでの間、直接内藤さんの配下に組み入れられることもなく無事に過ごしていた。

その後十余年を経て私は大学（学術）局の教職員養成課長となり、新構想大学関連の一つとしての新教育大学創設問題で党文教部会の一員となっておられた内藤さんとも何度かの接触はあったが、別にどうということもなくこちらの原案を承認していただいたと記憶している。その後、あるとき御茶ノ水の東京医科歯科大学病院の待合室で偶然お目にかかったので軽く会釈をしたが、私には気付かれなかったようで少しホッとした途端、待合室中に響くような声で内藤さんの車椅子を押していた手塚さんという元秘書の方を怒鳴り付けられた。「いつまで俺を待たせるんだ。早くしろと医者に言って来い。」

周囲の一般の患者さんはもちろん元文部大臣とは気付くはずもないだろうがシーンとしてし

まった。私は恥ずかしくて首も竦む思いだった。

内藤さんが亡くなられたとき、文部次官としての大先輩でもあり、直接ではないが十数年も配下だったこともあり、ご葬儀には出席するつもりだったのだが、何か急に公務が入ってそれもダメになったので奥様宛てに手紙で弔意をお届けしたところ、奥様から自筆で丁重なお礼の返書をいただいた。

奥様は素晴らしい方だったと信じている。

厳しくとも夜は部下思いの楽しいおじさん
――第四十五代事務次官　小林行雄さん

大学学術局長として緒方信一さんの後任となったのは小林行雄さんだった。緒方さんとは全く違うタイプ。周囲の評判では「山歩きが趣味で土日はそれが多く、帰宅されると疲れが残るので月・火あたりは休まれることもある。したがって決裁は水・木を狙うのが安全だ。」ということも聞こえていたので緊張して迎えたが、噂ほどのことは全くなく普通に仕事はこなしておられた。

アルコールはお好きで大学学術局庶務課の部屋で私たちが呑んでいると自ら顔を出されてコップ酒に参加されることもたびたび、それに新橋の呑み屋街のうす汚い呑み屋が行きつけでわれわれも何度もお伴をした。

この小林一家の常連はキャリアは私一人くらい、あとはノンキャリの係長クラスが多かったが、小林さんを中

小林行雄（こばやし・ゆきお）
大正二年生、東大法卒（長野県）
○昭和十一年新潟県、十三年長崎県、十五年官房会計課、文化課長、芸術課長、会計課長、二十八年八月調査局長、管理局長、大学学術局長を経て、三十九年第四十五代文部事務次官
四十一年東京国立近代美術館長、東京家政学院大学長、ユネスコ・アジア文化センター監事
平成八年、八十二歳で逝去

心によくまとまり毎回楽しい時間を過ごしたものである。ときには小林さんの鶴の一声で「今夜はアベちゃんの家の猫を見に行こう」などということになり、生まれたばかりのわが家の子猫五〜六匹が小林閣下に拝謁の栄に浴したこともある。

ただ小林さんは呑んでおられただけではない。仕事と遊びを峻別される方で、呑んだ翌朝でもキチンと仕事に対処され、誰かが仕事中に「昨夜はさあ……」などと口に出すと、その者の目をきつく見られる。言った人間は慌てて口を噤むというような無言の躾をされることもあった。

私が仙台（宮城県）へ出向を命じられたのはこの小林局長のときである。正式の内示とは別にそのときも新橋の呑み屋でコップ酒を手にしながら「アベちゃん、二年間仙台へ行ってこい。そしてまた必ずこの大学学術局へ戻って来るんだぞ、お前のポストは私が必ず用意して待っているから……」と温かい言葉をかけてくださった。私は根性は突っぱっている。反骨精神は強い。しかし人の情けには弱い。このときも小林さんに肩をたたかれながらこらえ切れずに涙したものである。

そして二年後、私が本省に戻ると、約束はキチンと果たされていた。大学学術局技術教育課、柳川覚治課長補佐（後に体育局長などを経て参院議員）の隣に二年間完全に空席のまま阿部充夫課長補佐用の机、椅子が確保されていたのである。

なおその後間もなく小林さんは次官に昇任されたが、大学学術局長時代からの小林さんを囲む主としてノンキャリのグループは回数こそ激減せざるを得なかったが、続いており、小林さんのこの連中への心遣いも次官退任後も続いた。小林さんからの私に対する指示は「自分が退任したらこの連中の人事の面倒はアベちゃんがみてやってくれよ」だったが、特に私がまだ課長補佐から課長程度だった頃は、一応省内で私が動いて下拵えをし、後は次官、官房長のところへ小林御大の出馬を仰ぐというやり方が何年も続いた。

忘れられない苦い二つの思い出
――第四十六代事務次官　福田繁さん

文部省入省以来、官房人事課と大学学術局庶務課の二か所しか経験のない私は初中局長当時の福田繁さんとは全く面識すらなかった。廊下で出会って私が会釈などしても、全く誰かも分かっていただけない程度の無縁な存在だったと思う。前項で述べたように私が命じられて宮城県教委に出向した当時はいわゆる「学テ闘争」で日教組などがその前の「勤評闘争」に次ぐレベルのものとして「学テ闘争」に力を入れていたときだった。当時の福田繁初中局長が初中局の筆頭課長である岩間英太郎財務課長と同行されて秋田県に見えるとのことだったので、私も秋田へ赴いてお迎えをすることにした。その夜の懇親会は東北六県の教育委員会関係者が集合したため、かなりの大広間での会合となったが、最末席にいた私が正

福田繁（ふくだ・しげる）
明治四十三年生、東大法卒（福岡県）
○昭和十一年普通学務局、十九年情報局、同満州総務庁、二十年官房文書課、調査課長、宗務課長、三十年ユネスコ次長、調査局長、社会教育局長、管理局長、初中局長を経て、四十年第四十六代文部事務次官
国立科学博物館長、神社本庁理事などを歴任
平成九年、八十六歳で逝去

面席の福田初中局長、岩間財務課長の席に近付いてごあいさつをしようとしたところ「あぁ、君が阿部くんか、君は文部省ではどこにいたんだっけ」とのご質問、私が「大学学術局です」と答えると途端に態度が変わり「何、大学学術局、だからお前はダメなんだ」と大広間中に聞こえる大声で怒鳴られた。私は唖然として言葉を失ったが、部屋中の人々も驚いて視線が私に集中したようだった。すると隣の岩間財務課長が「局長、何を言っているんですか。阿部が宮城県でよく働いていることはここにいる東北六県の皆がよく知っているし、本省にもその噂は届いている。知りもしないくせに局長がそんなこと言うべきじゃない。」と正に岩間流で局長を叱りつけるように言われた。福田局長は沈黙し、座の空気はホッとしたように和んだ。

「学テ闘争」に際しては答案用紙に生徒の名前を書くかどうかが問題となり、日教組の側は無記名方式を主張していたので、私が団交のとき、からかい半分に「答案用紙というものは記名欄があれば記名する、なけりゃ書かないでよい。それだけのことさ。」と答えていたが宮教組は日教組への報告に私の言葉の最後の数文字分だけを報告してごまかしているという情報が初中局の方からは私の耳に入っていた。多分福田局長は組合側のウソ報告を耳にして信じていたのだろう。だが確かめもせず満座の中でのこの局長の発言には怒りを覚えた。

小林次官のあと福田さんが次官に昇任することになったとき、私はまた新橋の呑み屋の二階で小林さんと二人、コップ酒を呑んでいた。「わしはどうも福田という人間に好意が持てないので、次官ポストも福田くんには譲りたくないんだが、いろいろしがらみがあって仕方がないんだ」とこぼされたのを覚えている。確かに現在の時点で当時の次官の在任記録を調べてみると、前後十人ほどをみても二～三年の在任が多いのに小林さん一人だけ一年で退任されている。何かあったなとは思うが今では知りようもなく、また調べる必要もあるまい。

ところでその後吉里邦夫さん（後に文化庁次長）が大学学術局庶務課長となられたとき、私は課長補佐だったが、何か次官まで決裁を受けるべき書類があって次官室まで行くように指示されたことがある。私は一～二年前の前述の件を説明し、いまだに福田さんから謝罪の言葉を受けていないので次官室へは行きたくないと断った。吉里さんは「君の言い分は分かるが今は上下関係にあるわけだから関係を修復しておいた方がよい」と言ってちょっと座を外したかと思ったら「今次官にこの決裁文書を阿部に持たせるから捺印してくれと話してきた。すぐに行って来い。」とのこと、甚だ迷惑だったが吉里さんの心遣いを無にするわけにはいかないので、次官室へ赴き印だけはいただいてきた。結局はそれだけのことで終わってしまったが、我ながら自分の頑なな性格に嫌になることでもあった。

東大紛争の終息等に鮮やかな貢献
――第四十七代事務次官　斎藤正さん

斎藤さんはすごい方だったと思う。その第一は昭和四十一年（一九六六年）初中局長に就任されると、まずこれまで日教組の反対闘争の対象でもあった全国学力調査に県段階、学校段階などでの学力競争のような弊害が見えてきたことなどからこの調査の中止を決断したこと、その第二は昭和四十二年（一九六七年）次官に昇任されると、大学入試改革問題の推進のため中教審からの中間報告が出されていたいわゆる「能研テスト」について大学側・高校側ともに十分な納得が得られておらず成功の見通しが危ういことから、なかば動き始めていたこの方式も中止と定めるなど現実をキチンと見つめ勇気ある決断をされたことは十分尊敬に値する方であった。

それに加えてその第三は東大入試の中止を決断された

斎藤正（さいとう・せい）
大正四年生、東大文卒（千葉県）
○昭和二十二年文部事務官、国語研、調査普及局地方連絡課補佐、初中局地方課長、総務課長、官房長、三十五年社会教育局長、管理局長、初中局長を経て、四十二年第四十七代文部事務次官
公立共済理事長、国立劇場理事長、東京国立博物館長を歴任
平成四年、七十七歳で逝去

ことである。たまたま「中止」の決断ばかり並んだ。これは偶然のことだが、何ごとでも問題があるときムニャムニャと続けて自然消滅を待つというのはよく見かける手だが、はっきり「止める」というのはなかなか勇気の必要な判断である。その大きな判断を三〜四年の間に三件も実行されたのは、これはすごい。

ところでこの東大入試の中止事件については先に学園紛争の部分でも若干触れたが、学園内に内ゲバや火炎ビンなどが横行するような事態の中で、静かに行われるべき入試の正常な実施は望めないとの判断の下、斎藤さんのリーダーシップにより政府・文部省と東大当局が協議の上に敢えて決定したものであり、これが世論を高め各大学側にも紛争収拾の努力を促す大きなきっかけとなったことは明らかである。

斎藤さんは昭和四十四年度（一九六九年度）東大入試の中止が決定になると直ちに同年一月、全責任を取るとして文部事務次官を辞任された。私は「これが男の花道かな」とふと思った。

大学局育ちの私には初中局長から次官へと進まれた斎藤次官とは全く接点がなかったが、文部省記者クラブの諸公からはS・S（さいとう・せいの頭文字）と呼ばれ親しまれていたようで、ときに厳しい判断をされるが、日頃は部下たちにも優しい目を注いでおられた方であった。その後十余年も過ぎたときだったか、前にも述べたいわゆる「三十年組の三羽烏」の三人が揃って局長クラスへ昇任となったときは三人を「一緒に食事でも……」と誘っていただき、ネクタイを頂戴した。これは「私のことまで覚えていてくださったのか。」と嬉しかった。しかし最後はさらに数年後「リクルート事件のとばっちり、お粗末だった漢（おとこ）の華道」の項で述べたように「現役職員のトップにある次官が自ら決断すべきこと。（他人に指導されるべきことではない。）」というお叱りをいただいた。とにかくすごい先輩だった。

英語で寝言を言う国際派
――第四十八代事務次官　天城勲さん

天城さんは大学学術局長、初中局長などの主要な局長ポストをこなした後、事務次官に昇任された方で、私は大学学術局庶務課の課長補佐だったため、国会の開会中は連日のように局長のカバン持ちでお供をしていた。

天城さんは当時はあまり数多くはいない国際派で寝言も英語で言うと噂されていたが、私は終戦の年に田舎の旧制中学校に入学して初めて英語に接した方で、英語の先生はおられたがかなり怪しく、しかも入学と同時に大腸カタルで一学期間を完全に休んでしまったため、読む方は何とか後から追い付いたが発音の方は全く学ぶチャンスもなくそのまま一生を通してしまった。

そんなこととはご存じない天城さんは「今度フランスで一～二週間のセミナーがあるから行って来い。」とし

天城勲（あまぎ・いさお）

大正四年生、東大法卒（東京都）

○昭和二十一年文部省入省、三十五年大臣官房長、調査局長、管理局長、大学学術局長、初中局長を経て、四十四年第四十八代文部事務次官

日本育英会理事長、日本学術振興会理事長、日本ユネスコ国内委員会会長

平成二十三年、九十六歳で逝去

きりと奨められる。「フランス語は全くできませんから……」とやっと断ると、「いや、このセミナーの用語は基本的にはフランス語だが、フランス語がダメな人には英語の使用も認めるそうだから……」と追い打ちをかけられ「英語もできないんです」と白状してやっと諦めていただいた。

ところで天城さんといえば「中教審四六答申」が思い浮かぶ。実際の原案執筆に当たった西田亀久夫官房審議官（後に木更津工業高等専門学校長）を背後から支え初中局サイドの猛烈な反対にもかかわらずこの答申を世に出した方である。

この答申については他の項の中でも何度か触れているのでここでまた述べる気はないが、この文章を書きながらふと気になったことがある。

この答申で特に問題となったのは、初等中等教育の幼稚園から高等学校にまで至る年齢の区切りを変えてみる「先導的試行」（西田さんはこの用語を自分の造語だと言っていた。）の提言だった。「特に小学校などは明治以来の安定した沿革・伝統を持っている。特段大きな問題もない。にもかかわらず幼い、あるいは年若い子供たちを実験材料として違った学校制度でテストするとは何事か」というあたりに反対論は集約されているのだろうが、その初中局長が審議会の前半の時期は天城さんで今や次官として改革論議を引っ張っている。そして天城さんの後を継いだ初中局長の宮地さんは反対論の中心として立ちはだかっていた。特に初中局にあまり伝手を持たない私にはいまだによく分からないこととして頭に残っている。

天晴れな引き際、ＯＢの鑑

——第四十九代事務次官　村山松雄さん

村山松雄さんは若い頃のことは知らないが、私が入省した昭和三十年（一九五五年）の頃には教職員養成課長で、以後、大学課長、審議官、大学学術局長、そして事務次官と私自身の履歴書を見るように大学学術局オンリー、一度も官房入りをしなかったという珍しい経歴の持ち主である。結構スポーツマンでもあり、村山教職員養成課長と岩間英太郎技術教育課長が局内の各課対抗戦でピッチャーとして投げ合った情景なども浮かんでくる。その頃からいつも恬淡としておられ、物事にこだわるようなタイプでもなかった。

酒にも強くウイスキーを出すとコップで受けられる。そのまま注ぐと「オットットット……」と言われるが多くの方がこういうときコップを上に持ち上げて「これ以

村山松雄（むらやま・まつお）
大正九年生、東大法卒（東京都）
○昭和二十二年学校教育局、三十年大学学術局教職員養成課長、三十六年大学学術局大学課長、三十八年大学学術局審議官、四十二年管理局長、四十四年大学学術局長を経て、四十六年第四十九代文部事務次官
四十九年日本育英会理事長
平成十三年、八十歳で逝去

上はもう注ぐなよ」という様子をみせるのに、村山さんの「オットットット……」はコップを下に下げられるので、ウイスキーが溢れそうになることもあった。

村山さんが大学課長になられたとき、誘われて二人で新宿西口の呑み屋街へ行った。「俺は焼酎だ。君は日本酒でもよいよ」「私も焼酎を」などとやっているうちに私の二倍の速さでコップ三〜四杯も空けられ、「俺はこれで帰るから後は自前でやれよ」と言われそれまでの料金を払って帰られた。本当に気持ちのよいくらいあっさりとした方だった。

私が事務次官になったとき先輩の井内さん（第五十二代事務次官）が見えられ、体が暇だから何か仕事はないかとの相談を受けた。私が二〜三の心当たりをお奨めしてもお気に召さない。さらに二〜三度、一と月おきくらいに見え、私も心がけておいていろいろなお話しをしてもOKと言われない。そして三〜四か月も経ってしまったときか「村山さんの東博館長のポストは空かないのかね」と本音を漏らされた。私は「村山さんはまだ任期途中だし、まさかお辞めくださいとも言い難いし」と渋ったが、井内さんは「何とか……」と言って引き下がらない。止むなく「まあ考えてみます。」と言って村山さんを訪ねてみた。私が「今日はちょっとご相談が……」と言いかけると、村山さんは「井内くんだろう。君が困っているのは分かるから、任期途中でもよい。辞表はすぐ届けるから……」と言ってくださった。引き際にもこだわらない天晴れな先輩だった。

その後、文部省のOB会などであいさつのため壇に立たれるとき私が介添をしてあげると「どうも最近、足が弱ってね、こんな十センチもあるかなしかの壇に上がるのもひと苦労だよ」と漏らされたので「お宅の近く、吉祥寺のあたりはまだ静かでしょうから、一日に千歩、二千歩でもよい、歩道を散歩することです。」とお勧めしたのだが、その後間もなく村山さんが散歩中、近所の女子大生の自転車に撥ねられて転倒されるという事故があり、その後、一年ほども療養されたが、結局しばらくのあと亡くなられてしまったと知り驚愕した。葬儀の際、奥様に「私が散歩、散歩と口出したばかりに……」とお詫び申し上げた。それまでも東博の特別展でたびたびお目にかかったことのある銀髪の美しい奥様だった。私は何度も頭を下げた。

豪快だが妻思いの優しい人
——第五十代事務次官　岩間英太郎さん

岩間英太郎さんについては、先に福田繁さん（第四十六代事務次官）のところで若干触れたが、ここでは井内慶次郎さん（第五十二代事務次官）から伺った岩間さんのことを綴りたい。

「岩間さんは終戦の頃、特攻隊の隊長をしておられた。部下が敵機、敵艦に体当たりで次々と死んで行き、いよいよ明日は隊長自らが飛ぶという日になったとき、終戦が決まって生き延びることになった。それまでに死んだ部下の中にかねてからの友人がいて、『俺が死んだら妹を頼む』と言われて引き受けていた。奇跡的に生き残った岩間さんはその友人の妹さんと再会し、結婚。今も大切にし、仲良く暮らしている。」又聞きなのでどれほど正確かは分からないが、私はこの奥様を見知っている。

岩間英太郎（いわま・えいたろう）

大正十年生、東大法卒（東京都）

○昭和二十一年五月官房秘書課、二十七年十二月香川県教委学校指導課長、二十九年八月会計課副長、著作権課長、会計課長、四十一年七月官房長、管理局長、初中局長を経て、四十九年第五十代文部事務次官

国立競技場理事長、日本体育大学長

平成二十二年、八十九歳で逝去

岩間さんが事務次官を退任されてから奥様と二人きりでゴルフを楽しんでおられる姿を数回見かけていたからである。

私が文部省の友人二〜三人と栃木県のゴルフ場の会員となりヘボゴルフを始めた頃だったが、たまたまこのゴルフ場の理事長が岩間さんで、コースが空いているときを見計らっては奥様と二人で来場され余人を交えずにゴルフを楽しまれ昼食を取っておられた。

岩間さんは磊落な方なのでこだわりがなく、手を挙げてわれわれに合図をしてくれていたが、奥様は小柄で静かな方、いつも下を向いておられるようでもあり岩間さんも常に奥様を庇うような姿勢もみられたこともあり、われわれもそれ以上近付くのは遠慮していた。ただもちろん、食事が隣のテーブルだったりすることもあり、岩間さんは生ビールのジョッキを一杯、奥様は燗をつけた日本酒を徳利一本と決めて楽しんでおられるようだった。

岩間さんの運転手に聞くと、ゴルフの後は自宅近くまで戻って行きつけの小料理屋で今度は二人で日本酒を楽しみながら夕食をされるとのこと。岩間さんという方は戦死された友の妹さんを実に何十年もこのように大切に思い、そして仲良く暮らしてこられたのだなと感激したものである。

岩間さんは豪快な方でもあった。今でも目に浮かぶのは参議院の委員会で同姓の共産党岩間正男参院議員の質問を受けられたときのこと。岩間さんは他の委員会でも答弁して来られたため文教委員会の方へはやや遅刻して入室されたが、いつもの癖で眼鏡のツルを指にかけてクルクルと回しながら入室して来られた。これを見た岩間議員が「岩間さん、他の委員会があったのでは仕方がないが、こっちはずいぶん待っていたんだぞ」と声をかけると「いや、それはそれは……大変ご期待いただいて恐縮です。」と応じられた。これに対して岩間議員がさらに「何を、期待なんかしているはずがない。」と返すなどのやりとりがあり、満場、大爆笑となった。国会答弁だからといって緊張することもない岩間さんの豪快さは特攻隊長として死線をかいくぐったご経験もあるだろうが、天性のものと私には思えた。

岩間さんのご葬儀は確かキリスト教式だったかと思うが、奥様は下を向かれたままだったのでとうとうごあいさつ、お悔みも申し上げられなかったが、あれから十余年、お二人が天国に行かれてもあちらで仲良くゴルフを楽しまれているものと信じている。

自尊心の固まりで方向を間違えたか
――第五十一代事務次官　木田宏さん

正直言って木田宏さんとは生涯あまりよい関係ではなかった。

私が入省したばかりの頃、彼は初中局地方課長という花形中の花形の地位について、正に肩で風切るようなスタイルで省内を歩きまわっていた。やや細身、やせ形だが、両手をポケットに突っ込んで上半身を前に傾け頭部を突き出すようにしている姿が目立ち、私は早速ひそかにヤリイカと仇名を付けた。だがこの仇名は流行らなかった。今をときめく地方課長に仇名など、という省内の雰囲気か、あるいはこの仇名のできが悪かったのか、多分ご本人も知らないうちに雲散霧消してしまったらしい。

その後、私が大学学術局で法規担当の係長となった

木田宏（きだ・ひろし）

大正十一年生、京大法卒（広島県）

○昭和二十一年教科書局、千葉県教委管理課長、三十年九月地方課長、総務課長、社会教育局長、体育局長、大学学術局長、学術国際局長を経て、五十一年第五十一代文部事務次官

国立教育研究所長、日本学術振興会理事長、学校法人獨協学園理事長、新国立劇場運営財団理事長

平成十七年、八十三歳で逝去

頃、木田さんは官房総務課長として省全体の法令関係の責任者になっておられた。多分この頃のことだと思うが、学校教育法第四条（設置廃止等の認可）に関係する改正法案が二件か三件重なって国会に提案され、どういう事情だったか忘れたが後発の法案が先発の法案に先立って国会を通過、成立するという異常な状況となったのである。つまり先発法案でまず改正した法律を後発法案で再度改正するものであったが、後と前が変わったため、先行してしまった改正法が意味不明、空振りの法律となってしまったわけである。この件に関して私は空振りの法律は成文法主義のわが国では無効という説をとったのに対し、木田総務課長は立法者の意志ははっきりしているのだから有効とすべきだとの説を曲げられなかった。私は内閣法制局の担当参事官とも相談の上、木田さんと法制局の部長との話し合いを仕組んだ。木田さんは先方の部長室に乗り込み、話し合ったようだったが、隣の部屋で耳を澄ませていた私と担当参事官の耳には「木田くん、君の言っているのは法律論ですらない。ダメだよ……」という法制局第三部長の声が聞こえてきた。この問題は結局、空振りの法律はそのまま無視し次の機会にキチンと条文を整理するということで済ませたと記憶しているが、木田さんご自身は時折こういう変わった説を持ち出してわれわれ部下を悩ませる方だった。

昭和四十六年（一九七一年）夏の人事異動で木田さんが大学学術局長に就任されたとき、私も大学学術局の教職員養成課長を仰せつかった。辞令をいただいて、まず上司となった木田さんにごあいさつと思い局長室に入ると木田さんもご自身の資料を整理中だったが、振り返りもせず「私は、教職員養成課の仕事には興味がないから今後は君の好きなようにやればよい。」と言われいきなり冷や水を浴びせられたような気分になった。「この人は言葉を知らないな、そのうちにコケなければよいが……」とも思った。

この不安はすぐに的中した。年月は失念したが、ある日官房筋から連絡が入り、木田局長が自民党文教部会で出入り差し止めとなったから今後は当分の間、部会への出席は審議官と担当課長がするようにとのこと。原因は教員養成に無関心な態度が問題のようだった。多分どこへ行ってもそんなことを無神経に言っておられたらしい。木田さんに確かめると「文教部会に出なくてもよいなんて楽になった、助かる。」との言葉。代理で出席させられる部下へのねぎらいの言葉はなかった。

そしてまたしばらく経ってからのことだったろう。ある日局長室へ呼ばれた。行ってみると社会党の木島喜兵衛議員と相談の最中で、要すればこの頃新制大学で必修とされていた一般教養を自由化するに際し、教員免許基準についてもその影響でこれまで必修であった「日本国憲法」の必修が外れたことについて憲法学者でもある社会党の土井たか子議員が政府委員である木田大学学術局長を追及することになったこと、質問時間も他の議員の持ち時間を譲り受けて一時間が確保されることになったが、何とかこれを止める手段はないかという相談であった。

私はこの件については新制大学における一般教育が大学の教育課程を硬直化させているとの批判に応えるための措置であり、それとの連動で教員免許の基準にも改訂が加えられたものであって、国会での審議でも取り上げられ、そのようにお答えしたものであること、したがって特に教員養成について「日本国憲法」を外すという意図ではないことなどを木島先生と木田局長にお話しをし、土井たか子先生の質問には堂々と対応されるよう進言した。しかし木田さんは日頃の言動と全く違って「土井さんは苦手なんだ。何とかならないか」の一辺倒。止むを得ず今回の措置は教員になろうとする者に日本国憲法の履修を「不要」としたものではなく各大学の判断に任せただけのものだという趣旨を一本通達しましょうということで妥結した。何の意味もない、私としては恥ずかしい通達だったが、結局土井先生も何とか納得してくれたらしく木田さんに対する質問は中止となった。

木田さんについてはなお二〜三件書き残したいことがある。一つは昭和五十三年（一九七八年）六月次官を退任されたが、そのときの人事で私は大学局の高等教育計画課長から「持ち上がり」で同局審議官に昇格となった。その内示はすでに退任を予定されている木田さんから受けたのだが、そのとき木田さんはわざわざ付け加えて「今回の異動で同期の中では君がトップになったように見えるが、そういう意味ではない。早く審議官になった分くらいは長く審議官を務めてもらうつもりだからあらかじめ心得ておくように……。」と意味の分からないことを言われた。私としては土井たか子先生の件にしろ、放送大学の次官折衝の件にしろ、私なりに木田さんを支えたつもりだったが、やはり嫌われ続けていたのだなというのが感想である。

なおもう一件、七十歳になられた生存者叙勲のとき勲二等旭日重光章の内示に対し、勲一等でなければ受けないと断られたことが噂として伝わった。もしそれが真相なら少なくとも私とは全く相容れないタイプの方だったように思う。人生にはお互いに何となく反感を持ったり受け入れがたい印象を受けたりするような関係があり得るものなのかなと、しみじみ考えさせられた珍しいケースである。

怒鳴られもしたが面倒見のよい先輩
――第五十二代事務次官　井内慶次郎さん

井内慶次郎さんは諸澤正道さん（第五十三代事務次官）と親友だった。文部省に入省したのが半年くらい早かったとかでいつも井内さんの方が先輩だったり兄貴分らしい様子をみせたりしていたが、何かでぶつかることもあったようで電話でやり合っているのを見たこともある。

多分そんなぶつかり合いの後だろう。井内会計課長から諸澤人事課長へではなく人事課副長だった私のところへ電話がかかってくる。「どうした、諸澤は。元気でいるか。酒なんか必要なら俺が用立てるからお前が俺のところへ言って来い。」喧嘩した後での弟分への気遣いだったろう。

その井内さんには井内大学局長のとき、教職員養成課

井内慶次郎（いない・けいじろう）
大正十三年生、東大法卒（広島県）
○昭和二十二年四月社会教育局、千葉県教委社会教育課長、二十八年財務課補佐、会計課副長、視聴覚教育課長、助成課長、大学課長、庶務課長、会計課長、四十六年六月官房長、大学局長後、五十年十一月二度目の官房長を経て、五十三年第五十二代文部事務次官
国立教育会館長、東京国立博物館長
平成十九年、八十三歳で逝去

長として仕えた。その頃、教職員養成課では一連の新構想大学の一つとして現職教員を入学させて修士の学位を与える大学院中心の新教育大学創設が最大の課題で、これが他の新構想大学と異なり日教組という反対闘争の好きな集団が控えているため何かと難航していたのである。しかし昭和五十二年（一九七七年）ともなるとかなり準備も整ってきたので、昭和五十三年度（一九七八年度）概算要求にはいよいよ創設に踏み切るか決断を迫られる段階となった。ただ日教組全体としての反対行動はかなり治ってもその地域の現職教員の中からある程度の数の教員を大学院に受け入れるわけであるから入学希望者とその地域の組合活動家の関係は微妙なところがあり私はまだ慎重な構えを崩さない方がよいと判断をした。

しかし井内局長の判断は違っていた。「相当の時日をかけてこれまで調査、準備を重ね、学長、副学長の予定者をはじめ教員組織もおおむね見当がついている。開設準備は整ったと見るべきだ。それでも駄目というなら思い切ってこの構想は取り止める。つまり前進か後退かの二者択一だ。前進なら俺は全力を挙げて君を応援する。中止なら俺は関係者、国会議員や地元の人たち、学長候補者などのところを巡回してお詫びして辞表を出す。阿部くんはどちらを取るのか」と言われる。落語にある「ウンか鏨か、ウンノミカ」に近い迫力であった。もちろん井内さんの真意は創設に突入という方である。

私は「いや違います。二者択一ではなく第三の道があります。それは現場で足踏みという道です。現地の状況、雰囲気は私の方が身近に感じています。もう一年待てば創設に突き込めます。」と決して譲らなかった。ちょうどそのとき、当時大学局審議官だった三角哲生さんが癖になっているタバコを銜えながら入室してきて「私も相談に入れてもらいましょうか」と間に座り込み、しばらく耳を傾けていたが「これはどうも課長の言うことの方が……」と私に味方する雰囲気を見せたので、井内さんから「三角の意見を聞いているんじゃない。阿部と相談しているんだから……。」と追い出され、結局その日は一時休戦となった。翌々日、月曜日の予算局議でも私は臆面もなく「現地足踏み方式」を提案したが、もう井内さんは反対論は出されなかった。省内の皆さんは井内さんの迫力に負けて怖がる場合が多かったが、こちらが真剣に立ち向えばキチンと聴いて対応してくださる方だった。

一生の師かつ学ぶことの多かった親分
——第五十三代事務次官　諸澤正道さん

私が大学学術局庶務課課長補佐のとき、諸澤正道人事課長から突然呼び出されたのが初めての出会いだった。人事課長室に入るなり「君が阿部くんか、君が担当している私学の設置認可の関係で贈収賄事件などがあると耳にするが、君は知っているのか」と、いきなり爆弾を投げ付けられたのには面食らった。もちろん私は直ぐに「私は前に大学学術局庶務課の法規企画係長の職にあった経験もあり、現実に担当者から相談を受けて事件にならないようキチンと処理した経験もあって、あの仕事の危うさはよく承知しております。」と切り出し「そのときの事件は認可申請をした者が担当官の自宅に菓子折を持って来たというもので、その職員が帰宅して開けてみると菓子折の底に現金が入っていたというケースでし

諸澤正道（もろさわ・まさみち）
大正十二年生、東大法卒（茨城県）
○昭和二十三年三月教育施設局、千葉県教委管理財務課長、二十八年六月教員養成課補佐、会計課副長、視聴覚教育課長、教科書課長、教科書管理課長、体育課長、四十一年七月人事課長、初中局審議官、四十九年六月体育局長、大臣官房長、初中局長を経て、五十五年第五十三代文部事務次官
国立科学博物館長、教職員生涯福祉財団会長
平成十五年、八十歳で逝去

た。すぐに友人である私に相談の電話があったので、それ以上一切手をつけず、風呂敷にでも包んで明朝役所に持参するように指示、翌朝は上司の課長補佐にも了解を得た上で庶務課総務係長の名で多分内容証明か書面か忘れましたが、正式に返送しました。」「現在は私が課長補佐となり認可問題も正式に担当していますので、昨年就任した際直ちに関係課~申請件数が多いので四、五課が分担処理していますが全て私の統括の下にあり、私が全責任を負って担当しております~の係長、係員を全員集め先の事例なども話し申請者との対応には十分注意するこ と、気にかかるケースは最終責任は全部私が負うから、私には必ず報告することを命じてあります。」「なお私なりにアンテナを立て噂話にも気を付けておりますので、現在収賄などのケースはないと信じておりますが、煙程度でも人事課長のお耳に入るようなことがあれば私が全責任を負って調査し処理をいたしますのでご教示をお願いいたします。」とやや気負って答えると、諸澤さんは「そうか、それならばよし。今後ともそういう気構えで仕事に当たるように」という訓示だけで、私は無罪放免となった。

そして翌日、人事課副長への人事異動が内示された。実はその日も確か天城局長のカバン持ちで国会へ行っていたと思うが、昼食時に食事を取っているときに天城さんから「いよいよ君も官房入りでお別れだな」という話がありキョトンとしていると「吉里課長から聞いてなかったか、いや俺から内示することになっていたんだ。じゃ、これが内示だ、君は官房へ行く、人事課副長の予定だ、元気でしっかりやれよ。」とのこと。少し頭の働きが遅かったが、やっと前日の諸澤さんとの面接が副長人事のテストだったと気が付いた。一撃を加え相手の反応をみて能力を推し測る、これが諸澤流だと気が付いた。

副長となってからも諸澤爆弾を何度か食らった。これも課内の内規上、形式的な文書は副長のところはパスするという方式に従った上でのこと、課長が間違えて私を叱責されたわけだが、こういうときの後始末が見事だった。つまりすぐ自分の過ちに気付かれた諸澤さんは昼頃になると女性職員を寄越して「課長が今日の昼食は副長とさしで食べたいが亀清（虎ノ門のうなぎ屋）あたりでどうかね」とのこと、喜んでお伴をし、ビールで美味い昼食にありつけた。午前中の叱責には全く触れられなかったが、諸澤さんのお気持ちはよく分かった。このようにご自分の失敗でもそれと言わずにきれいに後始末をされる。そのやり方が部下を魅き付けた。これは何度か経験し「今日はまた課長に叱られたから多分、昼食はまた亀清だぞ」などと女性職員に予言ができるくらいになった。また諸澤さんが主査、係長以下の職員を叱責するときには「副長もちょっと一緒に」と呼ばれ課長の隣に立たされて結局私が怒られているのではないが、他の職員と一緒に叱られている気分になったことも何度かあり、諸澤さんは多分副長の私にもこういうときはこういう風に……と指導してくださっているものと理解した。

諸澤さんが初中局長で佐野文一郎大学局長（後に第五十五代事務次官）と国会答弁で食い違いが生じたとき、また退任されて国立科学博物館長になられてからの臨時教育審議会の件でこれまた佐野事務次官を叱責されたときも、面白い事件としてマスコミなどで喧伝されたが、別記のように一杯やって一眠りすれば平静に戻るような事件であったり、省内の職員に向けての一つのポーズであったりしたと私は理解しており、そこにはお二人の間の深刻な行き違いなどはなかったと私は信じている。

諸澤さんは悪戯好きで酒好き、バーなどで若干酔われるとお気に入りの部下、人事課総務班主査の荻原博達さん（後に登場）を夜中であろうと電話で呼び出される。大体新宿のスナックあたりなので荻原さんはすぐ駆けつけて来ることが多かったが、その伝で諸澤さんと私が広島の出張先から夜中に電話、荻原さんがすぐ駆け付けますと返事をしたら、われわれは今広島にいるんだが本当に来られるのかねと大笑いしたこともあった。本当に眠ろうとするときはコップに一杯ウイスキーをなみなみとついで一息に呑み干しすぐ眠り込まれるのでわれわれもやっと眠れたものである。

文部事務次官退官後は国立科学博物館の館長を務められ古くさくなっていた科博の改革、近代化に全力投球。「阿部、俺の後の館長はお前が継いで、俺の志を果たしてくれ」というのが口癖であったが、バトンタッチの間が合わずその願いは果たせなかった。

最後は水戸のご実家、常磐大学という私学の運営に力を注いでおられたが、喉頭がんで声を失いわれわれも何度かお話しの練習相手にお見舞かたがた伺っていたがついに平成十五年（二〇〇三年）に亡くなられた。その二〜三日後くらいだったか先述の荻原さんも亡くなったので、諸澤さんの話し相手に今度は天国にまで呼ばれたのかな……などと埒もないことを考えたりした。

国際派の紳士だが意外に大物
――第五十四代事務次官　三角哲生さん

文部省歴代職員録を繙くと昭和三十三年（一九五八年）日本ユネスコ国内委員会の調査課長心得として三角さんの名前が出て来る。昭和三十七年（一九六二年）に私が宮城県教育委員会に出向したときの肩書が行政課長心得だったが、この「心得」というのは年齢などがそのポストに相応しいところまで達していないときに付ける「見習い」のような肩書であり、私の場合は宮城県では就任一年後には心得が取れて正式の行政課長となったが、三角さんは本省課長クラスのためそれなりの年齢が要求されたのであろう。昭和三十五年になってやっと「心得」が取れたと記載されている。課長心得になった際、入省後年数としては、井内さん、諸澤さんなどが課長になったときに比べてずいぶん早かったらしい。多分

三角哲生（みすみ・てつお）
大正十五年生、東大法卒（東京都）
○昭和二十四年総務課、二十九年香川県教委指導課長、三十一年国際文化課補佐、大学課補佐、三十三年ユネスコ調査課長心得、青少年教育課長、国際文化課長、国際学術課長、学術課長、振興課長、会計課長、大学局審議官、国際交流基金理事、五十二年九月管理局長、初中局長を経て、五十七年第五十四代文部事務次官
日本育英会理事長、国立西洋美術館長、新国立劇場運営財団理事長等を歴任
平成二十八年、八十九歳で逝去

語学力に優れていたため、特に国際関係で若くして登用されたものであろう。その後も国際文化課長、国際学術課長などの重要ポストをこなしておられる。

ご本人はいかにも青年課長らしくダンディだったが二つの特徴があった。それは第一にひどいチェーン・スモーカーで、一本のタバコを口に銜えるともう他の手には火をつけないタバコを持っておられる。そして先に銜えたタバコを口に挟んだまま話をされるのでタバコが常に上下に揺れていることが一つ、二つ目は朝寝坊なのか出勤が遅く、ときには夕方ご出勤などということもあった。

外国語に弱い私はご一緒に仕事をした経験もなく一緒に食事をした記憶もないが、あるいは相当の酒豪だったのかもしれない。先に井内大学局長時代に私が新教育大学創設の件で井内さんと論争していたとき、間に入ってこられて井内さんに怒られたことを述べたが、「出て行け」と怒鳴られても相変わらずタバコを銜えたまま悠然と廊下へ出られるなど驚いた風もなく「大物だな」と感じさせるものがあった。

後に諸澤さんの後、初中局長から次官に昇任されるとき三角次官誕生については何か障害があったらしく諸澤さんが苦労して実現させたという噂を耳にしたが、私は噂などをほじくり返すのが大嫌いな質なのでどういうことだったかは全く知らない。

頭脳明晰で誠実そのものの紳士
——第五十五代事務次官　佐野文一郎さん

多分七年間ぐらいかと思うが、あの難しい著作権問題に取り組んで法制定までこぎつけるという成果を挙げられたのは天晴れと言うしかない。そしてこの間、主として大学学術局のどこかでウロチョロしていた私は佐野さんとは顔を合わせるような機会もなくお人柄も全く知らなかった。

それが昭和四十七年（一九七二年）の機構改革で大学学術局庶務課が高等教育計画課と変わったとき、著作権課長から官房企画室長というワン・ステップを経て佐野さんがこの大学学術局の筆頭課長に着任されたのである。著作権で頭が固まった難しい人かと思ったのが正反対、それはよかったが、迷惑だったのは教職員養成課長だった私の右腕、昆野昭二くんに目を付けられたこと

佐野文一郎（さの・ぶんいちろう）

大正十四年生、東大法卒（静岡県）

○二十六年一月文化財管理課、三十三年七月三重県教委教職員課長、三十五年十月地方課補佐、総務課審議班主査、三十八年一月著作権課長、四十五年七月企画室長、四十七年五月高等教育計画課長、大学局審議官を経て、五十年十一月大学局長、五十五年六月文化庁長官後、五十八年第五十五代文部事務次官

国立劇場理事長、東京国立博物館長

平成二十九年、九十二歳で逝去

だった。この昆野くんのことをいつ知ったのかは分からないが、局内全体をうまく回転するには絶好の人物、佐野さんの希望は理解できるがとてもＯＫはできない。断ると佐野さんはそれから毎日庁舎三階の東側にある計画課の部屋から庁舎を約半回りして私の養成課にやって来る。言葉は優しいが真剣に何とか考え直してくれと言う。三回目か四回目か忘れたが、私はついに陥落して首を縦に振ってしまった。これが佐野流である。以来この佐野流には抗えなくて何度も苦杯を舐めた。

佐野さんは確か戦後、東大生に復帰し卒業されたのだと思うが、そのときの同期生にカミオカンデで有名なノーベル賞学者となった小柴昌俊さんがいた。その頃は佐野さんが大学局長に昇進され、私も大学課長、高等教育計画課長を経て大学局審議官となっていたかと思うが、国立大学予算の特に新規事項は大学局審議官が取りまとめることになっており、新しい事業費あるいは設備費などの要求は私の手元に集まってきていたが、その中にカミオカンデの調査費も入っていた。

佐野さんは、小柴さんご本人に頼まれたのかあるいは学術局サイドから頼まれたのか知らないがこのカミオカンデに調査費（多分はじめは三百万ぐらいだったと思う。）を付けてやってくれと局長が審議官の私の部屋へ見えて陳情される。いつもの佐野流で困り切った。初年度調査費段階の所要額は少なくてもすぐに数年後には数十億には達し、そしてさらに百億、千億にもなろうかと思える化物だったのである。このときも随分私なりに渋ったが、結局は佐野流の陳情に負けた。大学の先生方は本当に真剣であり熱心であるが国費には限度がある。今後は学術局の責任者と正規のルートで交渉して決めて行きますからと佐野さんにも学術局サイドにも念を押して通すことにした。幸にもこの計画は成功しノーベル賞という成果もあがったが、危ない話ではあった。

話は前後してしまったが昭和五十年（一九七五年）には佐野さんの身上に「二階級特進」と言われる変化が起こった。高等教育計画課長から審議官に昇進、そして二か月後にはさらに大学局長となられたのである。われわれ部下は佐野さんのお人柄に心服していたので、これで著作権課長時代の遅れを取り戻された、と両手をあげて喜んだのだが、佐野さんはあまり喜びも見せずどちらかというと落ち込んでいる感じがあった。ある夜局内で少々呑んで帰り道に局長車に同乗させてもらってどこかで一杯と誘おうとしたとき、佐野さんが小声で歌っているのに気付いた。「泣いて、泣いてたまるかヨ〜……」渥美清の唄だと気付いた。二階級特進にはそれなりの人に言えない影の部分――それが何だったか私には分からなかったが佐野さんなりの辛いことがあるのだ――と感じ、その夜はどこへも寄らずお送りだけして帰った。

その後佐野さんは昭和五十五年（一九八〇年）六月に文化庁長官になられ、これでお気持ちもやや落ち着かれたかなと思ったが、五十八年（一九八三年）にはまたまた前例のない、文化庁長官からの「大返し」とでも言うのか事務次官に引き戻され、再び難局に当たることになった。この間の事情は私は全く知らされていないが、世間でよく言われた、先の諸澤初中局長と佐野大学局長の対立、次いで諸澤元次官と佐野新次官との対立というようなことではなかったと思う。井内、諸澤両氏の協力で三角次官が誕生し、その次は三角次官の主導でこれも井内、諸澤氏の協力により佐野次官が誕生したというのが私の憶測である。

◆尊敬する二人の先輩をめぐるエピソード

人に訊かれると、私は文部省の先輩の中で最も尊敬するのは、諸澤正道氏、次いで佐野文一郎氏……と名前を挙げる。ところが、このお二人について、省内外のマスコミ関係者からは「彼等こそ、最も関係がしっくりしなかった仲だ」という評判があったらしい。

これが最初に表面化したのが、昭和五十三年（一九七八年）、諸澤正道初中局長と佐野文一郎大学局長として並び立ち、新教育大学の大学院へ現職教員が入学する場合、その許可権者は都道府県教委か、それとも市町村教委か、との問題についての国会答弁において、諸澤さんは市町村教委、佐野さんは都道県教委と答えて、山原健二郎（共産党）議員から答弁の食い違いを指摘され、「どっちが偉いんだよ」との野次が飛んだときである。

もちろん、偉いのは年齢でも職歴でも二～三年は上位だった諸澤さんの方だが、この件が「どっちが偉いんだよ」事件として特にマスコミ等の注目を浴びたのは、二～三年も後輩だった佐野さんが、課長クラスからわずか二か月の審議官ポストを経て、いわゆる二階級特進をし、省内でも初中局と並んで重きをなす大学局長の地位に就いたことに関心が集まっていたからかもしれない。

とにかく衆院文教委はお流れとなり、問題は翌日に持ち越された。

実は、この質問はかねてより初中、大学の両局間で予想され、十分なすり合わせも済んでいた事項だったが、どういうわけか諸澤さんにチョンボが出て答弁ミスになってしまったものなので、いつ、どのように修正するかだけのことなのだが、担当の加戸地方課長が困って私のところへ仲介を依頼してきたので「今ここで騒いでいたら、諸澤さんの性格上、かえってエスカレートする」「どうなるかは私も完全な自信はないが、とにかく時が解決するのを待つしかない。私の知っている諸澤さんなら、明日にはどうにかなる」「今日中などと言ったら、火に油を注ぐだけ」などと彼の肩を叩いた。

翌朝、加戸地方課長が飛んできて「諸澤さんが軟化してきた。どうにかなりそうだ」と、やや明るい声となっていたので、「もうこのまま後ろから押したりしないように」と注意だけ与えた。そして、翌日、文教委員長の「昨日の件は……」との質問に、諸澤さんは淡々とかねて作成の答弁資料に沿った答弁を述べただけで特別に弁明するようなこともなく終わり、一件落着となった。

尊敬する二人の先輩の間に起こった事件をもう一件書いておこう。

昭和六十年（一九八五年）前後ともなる

と、三角大福中と言われた中曽根時代もそろそろ終末にかかってきたが、特に情報化・高齢化・国際化などの中で、青少年の非行等々の諸問題も顕在化、大きな意味での教育問題への課題意識も高まって、総理自らの手で内閣をあげて教育問題への取り組みを図ろうという方針が生まれてきた。

もちろん文部省では中央教育審議会がこれらの課題に対処してきたのであるが、さらに範囲を拡大し、国の総力を背景に実現を図ろうというものである。

文部省としては、中央教育審議会があり、屋上屋を重ねるものとして、文教族の国会議員なども協同で自説を貫こうとしたが、結局は総理の熱意のもと、昭和五十九年（一九八四年）に臨時教育審議会（臨教審）が総理府に三年間の時限立法として設置されることになった。

さて、この年の四月頃、自民党文教族の方々も結局は総理の意向に沿って国会審議が動き始めていたときであるが、諸澤さんが文部事務次官として在職されていた当時の文部大臣であった田中龍夫先生からお招きがあり、千鳥ヶ淵で土曜の昼頃に観桜のパーティーが開かれた。当時、私は教育助成局長で文部省幹部の一人ではあったが、用務のため二〜三十分遅れて現地に到着したところ、満場寂として声なく、最末席に座って周りに様子を聞いてもはっきりしない。

どうやら、諸澤元次官が佐野現次官に向かって、今回の臨教審設置問題について、その職をかけてももっと反対をすべきだった、と責めたらしい。どれくらいの時間これが続いていたのか私にはもちろん何とも分からなかったが、佐野現次官は無言で俯いたまま、反論をしたような様子もないようであった。

特に誰が宣伝したわけでもないだろうが、こういうことはいつの間にかマスコミ関係には知られるもので、前回の局長時代の国会答弁食い違いの件まで思い出され、二度目の諸澤・佐野不和事件として伝わったようである。

諸澤次官時代の田中龍夫大臣と諸澤事務次官の関係は非常に良好で、それまであまり文教に関係のなかった田中大臣だったが、文部省幹部を招く千鳥ヶ淵観桜会を始められ、大臣退任後も何回かお招きを受けたことを思い出すと、楽しいはずの田中大臣の会を諸澤元次官がわざわざ台無しにするなど考えられない。

そこで私が思ったのは「これは諸澤さんが自らお膳立てをし、田中元大臣の了解をも得た上で行ったお芝居で、このやり方ならば、結果的に中曽根教育改革に合意したかたちとなった自民党文教族の方々からの不快を買うことなく、また、今後の教育改革の進め方についても、文部省は文部省としての主張を繰り広げられる――と、文部省職員に檄を飛ばす機会を作ったのではないか。」

確かに諸澤さんと佐野さんとでは反りの合わないような面があったのかもしれないが、私は私なりにこのような結論を出して自己満足している。

鮮やかな捌きぶり

——第五十六代事務次官　宮地貫一さん

宮地茂さんと宮地貫一さん、宮地姓が二人おられたので区別するため大宮地・小宮地とか、小宮地さんの方を「ミヤカン」さんと呼ぶようになっていた。また佐野さん（第五十五代事務次官）とミヤカンさんは入省以来文化財保護委員会で席を並べた親友同志、佐野さんは長身なのにミヤカンさんは小柄な方なので小宮地と呼ばれたのかもしれない。

ところで私が入省して四年目くらいだったか、人事課から大学学術局庶務課に移ると長崎憲之さんという面倒見のよい上司がいて「庶務課の人間は国立大学の現場をよく見て体で知っておくべきだ。」と何度か出張の機会を作ってくれたが、これはそのうちの一回、長崎さんが四国の四つの国立大学視察に同行してくれたときのこ

宮地貫一（みやじ・かんいち）

昭和二年生、東大法卒（高知県）

○昭和二十七年五月総務課審議班、三十三年九月香川県教委学校指導課長、三十五年十月官房総務課補佐、同審議班主査、人事課副長、秘書官事務取扱、四十一年七月助成課長、教職員養成課長を経て、四十五年七月広島県教育長、四十七年五月管理局振興課長、会計課長、五十二年六月官房長、五十五年六月大学局長、六十年第五十六代文部事務次官

学校法人高知工科大学副理事長

平成三十一年、九十一歳で逝去

と、松山から高知まで愛媛大学と高知大学の車を乗り継いで四国山脈を横切ったが、私は「リアス式」などと言いたくなる曲折した道路に疲れ切って、その夜の会合では食事も取れないくらいであった。そして翌日は学内を視察し、続けて名所の龍河洞へ見物に行くと、洞の前に当時夏の海水浴場などによくある莫蓙《ゴザ》を並べた海の家のようなお休み処があり、中で十数名（？）の宴会が開かれていた。焼酎の並ぶテーブルの真ん中を立ち歩いているのが宮地さんだった。後で知ったことだが、これがミヤカンさんの十八番とも言うべき芸で、かなり呑んで酔ってからでも必ずテーブルの上に立ち上り、置き乱れた酒肴の間を見事につまずくことなく歩きまわってみせるのである。長崎さんは一息ついたときを見計らってミヤカンさんに紹介してくださったが、ミヤカンさんが私のことを記憶にとどめてくれたかどうか、かなり怪しいと睨んだ。

以後、数年間接触の機会がなかったが、私が宮城県出向から本省に戻り四谷の皆がよく行く呑み屋でたまたま一人で呑んでいたときミヤカンさんがこれも一人で入って来た。当時宮地さんは大臣秘書官で朝から晩まで大臣のお伴という大変御苦労な役目の頃だった。大概のときは大臣用の資料を預り持っているため、万が一にも紛失したりすることのないよう風呂敷で厳重に包みそれをさらに腰にしばりつけるというように用心を重ねていた。私が軽くごあいさつをして席をずらすと、すでにある程度呑んで来られたようで、彼は急に私の髪の毛をがっちりと掴み「阿部くんよう……お前さんはなあ……」と言いかけながら引きまわす。その後の言葉が出てこないまま腕を振りまわすようなことをするので私もムッとして「痛いから止めてください」「止めないんですか」と言葉が辰巳上がりになりかかった。もちろんこんなところで酔っているらしい先輩相手に武勇伝を増やしてはいけないと我慢しながらも、立ち上がりかけるとミヤカンさんは手を放して店のママさんに話しかけたので、どうやら問題事件に発展せずに済んだのである。あのときは宮地先輩はただ酔っておられただけか、何か私に含むところがあったのか今でも分からないままである。

ただその後、官房長になっておられた頃のことだと思うが、各局の仕事の進行ぶりに常に注意を払っておられ、たとえば何かの問題で大学局が苦労をしていると見ると佐野局長には内緒で局の審議官だった私にこの問題はどのあたりを突っつけばよいとか、誰それと直接に話し合ってみろとかのサジェスチョンばかりか、ときには懇談の段取りまで付けてくれるなどお力添えをいただき感謝している。

ただ次の次官となった高石さんとは何か快くないこともあったらしく前後の次官の中では一番短かな在任期間だったことは気になっている。

一期違いなのに全く接点のなかった人
――第五十七代事務次官　高石邦男さん

高石邦男さんは昭和二十九年（一九五四年）入省組で私の一年先輩ということではあるが実年齢は昭和五年（一九三〇年）三月生まれとのことで私より三年先輩ということのようだ。

それにしても最初から全く付き合いがなく、リクルート事件がらみで若い頃の写真がマスコミに紹介されたのを見たとき、若い頃にはこんなにスマートな美男だったのかと驚いたくらいである。加戸守行くんの話では審議官、局長くらいに昇った頃からミル・スキーと自称するウイスキーをミルク割りにしたものを愛飲したため太りすぎたとのことであった。局長会議か何かで席を並べたとき、顔中あちこちに絆創膏が貼ってあるので「どうしたのですか」と尋ねたら「いやちょっとね」と口を濁さ

高石邦男（たかいし・くにお）
昭和五年生、九州大法卒（福岡県）
○昭和二十九年四月財務課、三十年十一月地方課、三十五年十月岐阜県教委教職員課長、三十八年九月初中局地方課補佐、総務課副長、四十二年五月北九州市教育長、四十六年七月体育局学校給食課長、振興課長、総務課長、初中局審議官、管理局審議官、五十五年六月社会教育局長、体育局長、大臣官房長、初中局長を経て、六十一年第五十七代文部事務次官
令和三年、九十歳で逝去

れたのを憶えているくらい。

あとはリクルートがらみでこの書のあちこちに書き散らしたのでこれだけに留めたい。

第二章

局長、部課長、その他先輩などの思い出

歴代事務次官については就任時期など序列のごときものが付け易いので、それに従って前章をまとめたが、それに続く段階の方々ともなると役所内での上下関係も、また年齢的な順序などもいろいろと難しいので、この章では私の個人的な感覚を中心に、いわばアトランダムに取り上げた。ついては不適切な点があれば、私の不敏さの故とあらかじめお詫びをしておく。

◆

◆

◆

気の好い最後の高文組

——蒲生芳郎さん（社会教育局長）

私が大学学術局庶務課の係長時代、蒲生さんが課長でお仕えをした。確か高文（高等文官試験）合格の最後の組ではなかったかと思うが、初め県庁に勤めた当時から「気の好いお坊ちゃん」として料亭などで大切にされていたらしい。人柄はよいが我侭なところも多く、酒好きで局長をコップ酒に誘い出しながらそのことは忘れてしまって自分はすぐに先に帰ると言い出したりしてわれわれを困らせることもたびたびだった。

正月に私が和服で年賀に伺ったらご自身も和服だったので喜ばれて、一緒に写真を撮られ、役所の中でも「兄弟のようだろう」と喧伝されて閉口した。

故郷が出雲なので退任後は島根県立短大の学長を引き受けておられたが、任期満了となったとき、ご自身の発

蒲生芳郎（がもう・よしろう）

大正四年生、東大法卒（島根県）

○昭和十九年東京都社会局、社会教育課長、大学学術局庶務課長、文化財保護委員会事務局次長、三十八年官房長、三十九年社会教育局長、四十年調査局長、文化局長

昭和六十三年、七十三歳で逝去

案で、県立短大の学長職を知事による任命制から学内教員の選挙制に変更された。「大学自治の精神を取り入れて改革したのだ」と自慢げに言っておられた。ところが学長選挙が終わった数日後「上京したから」と言って佐野さん（当時大学局長）と私（当時大学局審議官）の二人にお誘いがあり、虎ノ門の亀清（うなぎ屋）に伺うと、「実はこのたびの学長選挙に島根大学の前学長が出て来たため負けてしまった。迂闊だった」と涙をこぼされる状況だった。

よく事情を聞くと、事前に島根大学前学長を担ぐグループがあることは耳にしていたが、自分は失政もないし学内から支持されていると信じていたので、選挙前は奥さんを連れて東北地方を旅行していたのだが、その間に相手の手が回ったらしく情勢が逆転したとのことだった。やっぱり坊ちゃん気質が抜けない方だとは思ったが、慰める言葉にも窮し、ただ見守るだけしかなかった。

その後何年か経って蒲生さんが亡くなられたとき、その直後に、後で紹介する長崎憲之さん（蒲生庶務課長当時の課長補佐）の訃報が入った。あの頃蒲生課長は長崎補佐にもっぱら甘えていたのを思い出し、「蒲生さんはまた長崎さんに甘えたくなったのかな」と人には言えないが思った。

大先輩の上司と激突
——宮地茂さん（初中局長）

宮地茂さんは前項に述べた蒲生芳郎さんとはほぼ同期ぐらい、省内での地位、経歴を並べてもよく分からない。ただ性格は多分正反対だったろう。

昭和四十五年（一九七〇年）七月、私は初めて「課長」という肩書きをいただき、初中局職業教育課長の任についた。宮地初中局長は、その前は大学学術局長で激化した大学紛争の収拾に苦労されたわけだが「東大入試の中止の責任を取って斎藤正次官が辞任されたため、大学局長である自分には辞任する機会も与えられずいかに悔しい思いをしたか……」「辛いとき腹が立つときには自分の掌に『忍』という字を書いて我慢をして来たのだ」という話を何度も伺ったことがある。しかしそのお

宮地茂（みやち・しげる）
大正三年生、広島文理科大卒（広島県）
○昭和十七年入省、官房長、社会教育局長、管理局長、大学学術局長、初中局長
五十年福山大学開学、同理事長
平成十七年、九十一歳で逝去

話が役に立たない事態が間もなく宮地さんと私との間に起こってしまったのだ。

私の前任者は同期の大﨑仁くんだったが彼の在任中労働省から何かの案件（忘れた）で「近日中に閣議に諮る予定なので意見があれば……」との照会があり宮地局長にまで上げた上で「異議なし」との回答をしたという件があった。私が彼の後任として着任してから同じ件について また、「先の件は次回の閣議にかかることになったので念のため」ということで再度照会があり私としては初めて見る案件なので、前回ＯＫの回答をしていることを前任者に確認した上で宮地局長に再びＯＫの回答をすることの許可を求めたのである。ところが宮地局長の意見は急変していて「それはダメだ。労働省にはＮＯと伝えるように」との御指示、理由を聞いても一切の説明はなく「文部省は反対だと答えればよいんだ」と言われるばかり。先方からは何回も督促の連絡があり、さらに先方の局長から宮地局長に直接の電話があっても、居留守を使って出ない様子。もう夕刻になっていたので私も少々ふてくされ、腰を据えて水割りでも呑むかと思ったとき諸澤正道審議官（以前私が人事課副長のとき人事課長として私の上司だった。）から「審議官室へ一杯呑みに来ないか」とのお誘いがあった。多分この間の様子が諸澤さんにも伝わっていたのだろう。部屋に伺うと諸澤さんから「この頃仕事はどうだ」ときかれたので労働省との一件をお耳に入れた。

諸澤さんはすぐ「それじゃ私も一緒に行くから局長にもう一度わけを尋ねてみたらどうか」と言われるので一緒に局長室に入った。

宮地局長は私たちの顔をみると途端に怒り出し「お前は自分の担当する仕事をこなすこともできないのか、それで審議官まで応援に引っ張り出すなんて」と立ち上がり、私に人さし指を突きつけて「お前はそれでも文部省の課長か」と罵倒を続けた。

ここで私の堪忍袋の緒が切れた。これは喧嘩か、喧嘩なら負けない。私も立ち上がって局長に面と向い、同じように人指し指を突きつけて「そこまで言われるなら、私も言わせてもらいます。あなたは理由も一切言わずに他省との交渉事で前言を翻し、先方の局長から電話があっても逃げまわって居留守を使っている。それでもあなたは文部省の局長ですか、恥ずかしいと思わないんですか。」と怒鳴り上げた。さらに反論が来ると予期していたが、局長はなぜかそのまま自室を飛び出して行った。

この間諸澤さんは両者の言い合いを黙って聞いておられたが、私としてはこんな事態に諸澤さんを巻き込んでしまったことが何よりも申し訳なく深くお詫びを申し上げた。さらに「自分の発言に責任は取りますので今後いかなる処分もお受けいたします」と申し上げた。諸澤さんからは「それにしても、もう君は自分の部屋へ戻りなさい。」と言われたが「いやこの件は次回の閣議の予定になっています。それがまだ決着がついておりませんので私は局長が戻って来られるまでここで待ち、話し合いを続けなければと思っています。」と言って動かなかった。

これに対して諸澤さんからは「阿部くん、これは武士の情だよ。君がこのまま局長室に頑張っていたら局長はこの部屋に戻れないだろう？」とのお言葉もあり「あ、すみません。それでは私もいったん自分の席に戻りますので必要があればお呼び出しください。」と申し上げて自席に戻った。

そして自席で宮地局長と諸澤審議官の登庁ランプを眺めていたが三十〜四十分くらいでお二人のランプが消え、さらに三十分ほども待っていたが、何の連絡もないので私も退庁した。この時間帯でのお二人の話し合いがどうだったか私は全く承知していないが、翌朝局長秘書が飛んで来て「阿部課長、今朝早いうちに労働省の局長から電話が入り宮地局長がその電話に出てOKを出して懸案の問題が片付いたようよ。よかったね。」と話してくれた。

以後この件については宮地さんからも諸澤さんからも何の説明もなく処罰の話もない。私としては喉に刺がささったままのようでずっと過ぎたが、初中局の職業教育課長の職はわずか一年で大学学術局の方へ配置換となった。（これがあの件についての罰だったのかなと首を捻った。）

宮地さんと「中教審四六答申」とのからみはすでに第一部で書いているので省略するが、この四六答申が出た後文部省幹部は大きな人事異動があり宮地さんの次官昇格もなく退任された。以後十年ほども経ったであろうか、宮地さんは出身の瀬戸内地区に私立大学を創設する計画を立てられ、文部省に認可申請をされた。大学局でこのような認可申請を捌くのは、当時、審議官となっていた私の権限であったが、宮地さんからは特別のごあいさつもなく申請を受ける立場だった私の方も昔のいきさつなど係の者に話すこともなくごく淡々と審査が進んでいたが、書類の修正とか他の書類の追加提出、あるいは現地との連絡など、この仕事はかなり手間がかかるようで、ある日突然宮地さんが私の大学局審議官室に顔を出され、「申請事務でかなり大変なので君の部屋の一部だけでも使わせてくれないか」との申し出があり、私もごく淡々と「特別な会議でもない限り空いていることが多いから、机でも電話でも秘書に話して使ってください。」と答えた。この部屋を宮地さんはかなり利用されたようで、申請関係の資料などは、しばらく置いてあったが認可がおりると忽然と全てが消えていた。局長から認可書が交付された日にも、近くの私の部屋には何のあいさつもなかった。

それにしても、宮地茂さんが創設されたのは福山大学。備後福山と言えば、江戸時代は阿部家の所領で、江戸屋敷には誠之舘という藩校が置かれていたらしい。（残念ながらこの阿部家は、私の阿部とは全く関係がないと思う。）私の母校である東京は西片の誠之小学校は、右の阿部家の中屋敷跡に多分誠之舘以来の「之を誠にするは人の道なり」という「中庸」の精神を受け継いで明治八年に創立されたものであるから、私とも因縁は深い。福山大学の今後の発展を陰ながら祈っているものである。

落ち着いた深い含蓄のある人
——安養寺重夫さん（体育局長）

安養寺重夫さんは私が文部省人事課に入省したときの人事課副長。私の頭の中には井内、諸澤、安養寺と三人セットで記憶されているので、多分同期くらいの方々だったのだろう。安養寺さんは体型も適度にスマートで嫌味のない好男子、酒を呑むと「関の五本松」などの民謡を豪快に歌っておられた。

入省したばかりの頃は時々お暇なときだったと思うが「阿部くん、ちょっと」と呼ばれる。行くと話の中味は今では思い出せないが、世間話か雑談かと思うようなことから始まり「そろそろ本論に入る頃かな」などと考えていると、人事課長室の方から「副長、課長がお呼びです。」と声がかかって「じゃあまたにしよう」と席を立たれる。こうしたことが数回あったと記憶しているが、

安養寺重夫（あんようじ・しげお）
大正十二年生、東大法卒（鳥取県）
○昭和二十二年入省、二十七年宮城県教委秘書室長、二十八年大学課補佐、大臣秘書官事務取扱、三十六年教職員養成課長、庶務課長、会計課長、四十九年社会教育局長、体育局長
オリンピック記念青少年総合センター理事長
令和三年、九十九歳で逝去

ついに本論（？）に入らないままに安養寺さんが異動されたので、結局何を話そうとされたのか分からないままに残っている。

ところで今この文章を書いているうちに思い付いたのだが、次の項に登場する鈴木勲先輩から私がたまたま人事課副長のとき「君等三十年組は受動的に課題を受けとめ処理するのは強いが、もっと自分たちの方から積極的に能動的に仕事に向かう姿勢を強めたらどうか」と助言を受けたことを思い出した。安養寺さん、鈴木勲さん、そして私と、これも偶然かもしれないが、人事課副長経験者の系列である。

その安養寺さんが昨令和三年（二〇二一年）に九十九歳で逝去されたとの情報がこの原稿の執筆中に入った。「昼行灯」などと悪口を言う向きもあったがとんでもない。懐の深い含蓄のある素晴らしい方だった。

それはさておき安養寺さんは教職員養成課長として六年余も在任され教員養成問題の大権威でもあった。私が教職員養成課長へ配置換となったとき、安養寺さんが大学局審議官として私の上司だったことはいろいろ指導を受ける上で幸運であった。ただ安養寺さんのお話は含蓄に富みすぎて私などの頭になかなかストレートに入って来ないため結局ゴーと言われたのかストップだったのか悩むこともいくたびかあった。ここでまた幸いだったのは当時の教職員養成課には昆野昭二さんというベテランの課長補佐がいて安養寺さんの指示を適確に理解していたことである。このため安養寺審議官に呼ばれたときには昆野さんを同伴して、後で安養寺さんのご指示を解説してもらうことにしていた。昆野さんには本当に助けられた。

一度だけだったが諸澤さん（第五十三代事務次官）も一緒にゴルフをしたことがあった。このときは私がバカ付きに付いて安養寺さんからチョコレート五十枚も勝ってしまったことがある。安養寺さんは几帳面に五十枚のチョコレートを買って来て渡してくれた。そういう性格の方だった。

体育局長をされた後、自ら志願して国立競技場の理事長に就任されたと聞いた。当時競技場職員のストライキなどがあって国際的な公式競技会などの開催が危うくなるようなケースもあったため、何とかこれを正常化したいという考えだったと聞いた。

責任感も強い方だった。

旧制高校生のような純粋精神
——西田亀久夫さん（日本ユネスコ国内委員会事務総長）

西田さんは大臣官房審議官のとき「中教審四六答申」の原作者的な位置付けだったことからもっぱらその面で有名であるがここではそれ以外の面に注目してその人柄などを偲んでみたい。

西田さんは、多分、旧制三高（京都）で、旧制一高と旧制三高の定期戦などで応援団として活躍しておられたらしい。両校が何の対立か知らないが定期戦が途切れたとき何とか復活させた応援団長だったとも聞いているが、あくまで噂だけで真実かどうかは責任を持ちかねる。ただし西田さんが大阪教育大学の助教授からスカウトされて文部省に来られ、学生課長（昭和二十七年、一九五二年）として十年務められた後大学学術局庶務課

西田亀久夫（にしだ・きくお）
大正五年生、東大理卒（大阪府）
○昭和十六年海軍技術研究所、二十年第二復員省復員官、二十四年大阪学芸大平野分校、二十五年同大助教授、二十六年大学学術局、二十七年学生生活課長、学生課長、庶務課長、四十年六月調査局審議官、四十一年五月官房審議官、木更津工高専校長

長となられた頃のことであるが、廊下に面した庶務課のドアに大きな墨書の檄文が張り出された。省内の運動会を控えたときで大学学術局の職員たちを鼓舞激励するもので、「ああ、西田さん、旧制三高の応援部時代に戻られたな」と思ったものである。

そして酒と歌である。西田さんの酒はほどほどで泥酔することもなかったし、一人で呑みに行くことも私の知る限りではない。役所の中でもらいものの酒をコップで呑むくらい、そういうときは一人で窓の方に向かって多分寮歌のごときものを口ずさんでいたが、呑み屋の二階などで数人でいるときは、古い、何番までもある歌を知る限り歌うのが好きだった。「旅順開城約成りて……」「妻をめとらば才長けて……」などである。

彼が一番生き甲斐を感じたのは多分、若い学生に交り彼等に十分発言させ議論をするときであったろう。西田さんがそろそろ定年という頃、佐野大学局長と私（大学局審議官）の二人は共謀して多分西田さんが喜ぶであろう最後のポストを提言してみた。木更津工業高等専門学校の校長というポストである。彼の年齢、経歴などからみて、軽すぎるという人もいるかもしれない。しかし私には確信があった。そして案の定、西田さんは目を輝かせて「アベちゃん、君、俺の最後に、高専校長をやらしてくれるのかい。」私も嬉しかった。彼は校長として何かと学生との話し合いに参加し、学生寮の運営などいろいろな問題について学生の話し合いに任せ、高専における新しいタイプの「自治」あるいは誤解のないように言えば「自主的運営」とでも言おうかそういうタイプを作りあげて行った。大阪教育大の助教授だった昔に戻って学生との根っからの付き合いに努めたのである。

ある日、佐野局長と私の二人は西田氏に招かれて、半日、木更津沖での「馬面はぎ釣り」を楽しませていただいた。西田さん自身は魚釣りは苦手ということで同船しているだけだったが、それでも楽しそうに付き合ってくれていた。

西田さんが誰かを招待するなどということは多分空前絶後だったろう。われわれもそれが嬉しかった。

接触は少なかったが、最高の安定感
——鈴木勲さん（文化庁長官）

いわゆるキャリア組の年次で言うと鈴木さんは、多分、昭和二十八年（一九五三年）組、戦後の新しい公務員制度で当初は「六級職」と言っており後に「上級職」と呼ばれるようになったグループの最初の頃の一人だったと思う。いまだ戦後の混乱が後を引いており、年齢的にも昭和三十年（一九五五年）組の私どもより少なくとも数年は上とお見かけしていた。

同じ年次の入省組には名前だけあげると手塚晃さん、山中光一さん、山中昌裕さん、鈴木博司さんなど公務員制度も整備途上だったためか、年齢、経歴、性格、その他多種多様な人材が並んでおられたが、衆目の一致するところ鈴木勲さんが飛び抜けて周囲の信頼を得、人望を

鈴木勲（すずき・いさお）
大正十四年生、東大法卒（岩手県）
○昭和二十八年四月調査課、三十四年九月島根県教委学事課長、三十七年四月初中局教科書課補佐、人事課副長、教科書管理課長、四十二年九月千葉県教育長、四十六年七月地方課長、総務課長、初中局審議官、官房審議官、五十五年六月官房長、初中局長、五十八年文化庁長官
日本弘道会会長、国立教育研究所長、日本育英会理事長

集めておられたと思う。しかしながら残念なことに私は鈴木さんとすれ違うこともないくらい違った道を歩んでいたらしくごあいさつをする、言葉を交わす、そんな経験すら皆無であった。

ところが私が入省して五〜六年経った頃だろうか、上級職組の人事の一種のルールのごとく行われていた入省七年くらいで地方出向の経験をさせられるという人事についての具体の噂が飛び、その中に「島根県へは阿部が……」という噂が交っていたのである。誰がいつ流した噂かは分からないが、当時、島根県へは学事課長として鈴木勲さんが行っておられた。あの後任として行けるとは何と言う幸運かと思った。しかもそれに追い打ちをかけるように私に国立大学の財政実態調査という名目で中国地方の鳥取大学、島根大学、広島大学などへの出張を命じられたのである。これも一種のジンクスのようなもので、地方へ出向させられるときには事前に一度用務にかこつけて現地へ出張させられるぞというのもあった。なにはともあれ現地へ行って島根大学での調査を終えると玉造温泉に宿を取っていただき、そこで島根大学の方たちと夕食会となった。そこへ島根県の教育委員会の方から電話があり県の教育長と鈴木勲課長が夕食会に同席してくださるとのこと、大喜びでお待ちした。生憎組合交渉が長引いたとか一時間ほど待たされたがお二人とも団交の疲れも見せず参加してくださった。もちろんその場で人事の話は全く出なかった。

そしてその後日談である。結局島根県教委への出向は私ではなく昭和二十九年（一九五四年）組、二歳年上の国松治男さんとなり、私は一年延ばされて翌年、宮城県への出向となった。私が島根県へという話はただの噂に過ぎなかったのかあるいは島根県教育長さんのお眼鏡に適わなかったのか……幾つかのケースを思い浮かべたが「人生にはいろいろあるさ」と諦めた。

鈴木さんは本省に戻り、その後はまた初中局などを中心に途中千葉県教育長にも出向されるなど多様な道を歩まれたが、大学局系にはあまりご縁がなく私もついに接触し、議論をし、ご指導を受ける等の機会に恵まれなかった。

私は今でも横から見ていただけの鈴木さんの安定感にあこがれ一度は直にお仕えしたかったと思っている。

発想が豊かで明るい性格
――柳川覚治さん（体育局長、参議院議員）

柳川さんは早稲田大学のご出身、年次的には昭和二十五～二十六年組くらいかと思う。昭和三十五（一九六〇）～三十六（一九六一）年頃、大学学術局技術教育課の課長補佐として着任され、高等専門学校制度の創設と全国各地に具体に開設する業務を支える仕事に就かれた。人柄も明朗で付き合いもよく、大学学術局庶務課で法規企画係長だった私とはすぐに仲良くなった。われわれ二人の間で仕事上最初の問題となったのは国立学校設置法の所管のことである。

当時大学学術局では庶務課が筆頭課であり国立大学等の国立学校の設置・廃止等を定める国立学校設置法は文部省組織令により庶務課の所管であることが明記されていたのであるが、戦前以来の古い歴史と伝統があり、し

柳川覚治（やながわ・かくじ）

大正十五年生、早大政経卒（神奈川県）

○昭和二十五年五月管理局、三十四年四月北海道大学庶務課長、三十六年四月技術教育課補佐、三十九年七月文化財保護委記念物課長、四十二年六月学校給食課長、総務課長、初中局審議官、文化庁次長、体育局長、管理局長五十八年参議院議員通常選挙当選、六十一年沖縄開発政務次官

平成十六年、七十八歳で逝去

かも実力を備えた大学課が実質的に局内を支配するような体制になっており、この国立大学設置に関する事柄についても関係各課は大学課に申し出て改正等の手続きをしていただくという仕組みが当然のごとく行われていたのである。この仕事は組織令どおり庶務課で担当すべきことではないかというのが柳川さんの問題提起であった。

実はこのことについては私が庶務課に着任以来気付いており庶務課長の蒲生さん（後に社会教育局長）にも問題提起をしておいたことだったが、蒲生さんの指示で見て見ぬ振りをさせられていた件であり、早速柳川・阿部のコンビでこの問題を解決する決意を固めた。そしてこの問題には内閣法制局にも関わっていただき法制局参事官から庶務課担当係長である私に今までの対応は政令違反だから直ちに是正するようにとの指示があって一応問題は解決したのである。

そのようなこともあって柳川さんと私の絆は固くなり、虎ノ門近辺の屋台などで一緒に呑む機会も増えたが、今度は私の方が昭和三十七年（一九六二年）宮城県に出向となり小林行雄さん（第四十五代事務次官）の項で述べたように私の出向中丸二年余柳川さんの隣に二人目の課長補佐用としての机、椅子が私のために空席のまま確保されていたのである。私がその椅子に座ったとき柳川さんは「アベちゃん、君は仙台で毎日のように団交、団交で苦労してきたんだから、当分隣で休んでいていいよ。翌年度概算要求の基本的なところもできているし……」と言ってくれたのでしばらく休めるなと甘く見ていたら、一か月も経たないうちに柳川さんに人事異動の内示が下り文化財保護委員会の課長へ昇進が決った。

柳川さんは、以後彼らしい豊かな発想で文化財関係では「風土記の丘」構想などで各地方を鼓舞したり、体育局長時代は「子供は風の子、太陽の子」などと叫んで歩いたり、参議院選(全国区)に出馬する基盤作りもしてついに当選、当時文部省出身の唯一の国会議員として活躍された。

私が事務次官になったとき柳川さんから次の参議院選挙に際し、全国区で各党が作る推薦順位のことで何とかならないかと相談され橋本龍太郎自民党幹事長に私から直訴したこともあったが、結局国家公務員がやれることには限界もありお役に立てなかった。

最後に柳川さんのご母堂の葬儀に伺ったときのことも忘れられない。私は所用があって定刻前にお寺に伺った。柳川さんは棺の前まで私を連れて行き「お母ちゃん、アベちゃんが来てくれたんだよ。あのアベちゃんだよ。」と涙を流された。私も実際にお目にかかるのは初めてだったが、同じように涙してご母堂のお顔に手を触れながらお別れを告げたのだった。

几帳面だが負けず嫌い
――須田八郎さん（初中局審議官）

私が昭和三十九年（一九六四年）宮城県出向から本省に戻ったとき大学学術局技術教育課長として初めて仕えた上司が須田八郎さんだった。非常に几帳面な人でこういうタイプは師範学校系統のご出身ではないかと思ったが調べたことはない。

九月に入って課長が翌年度概算要求の内容を大蔵省担当官に説明をする必要があるので要求書のあちこちに要点などをメモ書きにし課長に渡したら、「全部をそのまま読み上げれば済むようなメモ書きにしてくれ」とのご注文、仕方がないので「……であるから……とする必要がある」などとまとめて渡したのだが、それでもお気に召さず自分で赤ペンを取って「……であるから」を「……でございますから」に直すなどと修正して「こん

須田八郎（すだ・はちろう）
大正十年生、東京文理大卒（新潟県）
○昭和二十四年八月官房福利課、三十年十一月宮城県教委秘書調査課長心得、三十三年六月教職員養成課補佐、三十八年七月技術教育課長、学術課長、庶務課長、会計課長等を歴任後、五十一年八月教員大学院大学創設準備室長
平成三十年、九十七歳で逝去

な風にしてくれ」と再注文。そのように作り直したのだが翌日の説明の際に課長の手許を覗くとその資料にはさらに幾つもの書き込み修正がなされていた。そして大蔵省サイドでは「須田課長の説明が一番分かり易くてよい」との評価があることも耳にして「世の中そんなものか」と憮然としたこともある。

須田さんはその後官房会計課長や初中局審議官などを歴任されたあと、割合に若いうちに退官され、特にゴルフに熱中しておられると耳にしたことがあるが、キャディにときにルール違反になるような注文をつけたりして評判が悪いという噂を聞いたこともある。

また囲碁は初段と言っておられたが段を持たなかった私より少々弱かった。上司に敬意を表して白を渡していたが三番連続で私が勝つと白を渡すのが嫌らしく碁を打たなくなる。そして二〜三週間ホトボリを冷ますとまた碁を打とうと言って自分で先に白を抱え込んでしまう。それ以後私は須田課長との碁では連勝しないように気を付けた。

財布は腹巻きに、珍しい古風な風采
——説田三郎さん（社会教育局審議官）

須田さんの後任の技術教育課長には説田三郎さんが就任された。服装などが何となく垢抜けない田舎の人というような感じだった。

最初に驚いたのは課員数人で課長を誘って近くの呑み屋へ行ったときのこと、帰りがけに私が「今日はワリカンにしましょう」と声をかけると、説田課長は突然着ているものを脱ぎ始め一番下の腹巻きの中から財布を取り出してワリカン分を差し出された。呑み屋のお姐さんも唖然としたようだったが一番驚いたのは私。以後説田課長と呑むときには事前に「今日はワリカンですよ」と警告を発するようにしたものである。

ところで当時の大学学術局は何といっても大学課とい

説田三郎（せつだ・さぶろう）
大正十三年生、東大法卒（岐阜県）
○昭和二十三年九月秘書課、三十三年六月千葉県教委次長、三十五年四月企画課補佐、総務課副長、情報図書館課長、技術教育課長、四十一年七月大学課長、財務課長を経て、社会教育局審議官、社会教育研修所長

う歴史も古い課が局内全体をにらむような大国的存在であるのに対し、技術教育課は科学技術振興の波に乗り高専制度も創設して全国に新設するなど新興国という感じだから何かと角突き合うようなケースも多かったのだが、説田課長は当時の井内慶次郎大学課長（後に五十二代事務次官）に滅法弱く、何か言われると一言も言い返せず井内さんの言いなりになることばかり、われわれ部下（特に私）をいらいらさせることがたびたびであった。あるときには「この件については大学課長に申し入れをしてきてください。」と何度頼んでも立ち上がらず、ついに私が激怒して課長の机（木製だったので助かったが）を蹴り上げたことさえある。

私が初中局職業教育課長になったとき、その説田さんは同じ局の筆頭課長である財務課長でおられたが、ある日何の件だったか忘れたが、説田さんから私の席へ電話があり私の方針に「待った」をかけられた。私は無論、反論を述べ言い争いになったので、「電話で言い合っても埒があかないから私がそちらへ伺います。ついては井内審議官（このとき井内さんは初中局の審議官になっておられた。）にでも判定してもらいましょう」と提案すると「何も審議官まで引っ張り出さなくてもいいんだ……」などとブツブツ言われ電話が切られた。

説田さんは囲碁は五段で私よりずっと強かった。したがって碁のときになると優しい上司に様変わりして、ご機嫌よく私を指導してくれた。その中に「石は相手の石に付けて、付けて打て」というのがある。今覚えているのはそのことだけだが本当にそうなのか誰かに尋ねてみようと思っている。

第三章
同期入省組と後輩キャリアたちの思い出

私はここまで、上司・先輩の横顔を書いてきたが、いよいよ私の同僚や後輩について取り上げる段階となって、はた、と困惑した。戦前の官吏と雇傭人という時代と異なって、新しい公務員制度が進行し、混じり合う時期ともなっていたからである。特に最近では、民間などでも「総合職」と「一般職」といった区分も出てきたようではあるが、世にいう「エリート」という扱いはいまだに残っているようだ。「キャリア」「ノンキャリ」という用語も戦後のものだろうが、比較的柔らかい感覚の言葉としてここでは使わせていただこう。

跡にペンペン草も生えない有能な人物
――大﨑仁くん（文化庁長官）

昭和三十年に文部省に入省した「三十年組」は六人、うち一人が司法試験を目指して退職したので結局五人となった。

戦後もこの頃になると公務員試験制度などもかなり安定したため年齢的にも五～六歳以上も離れたものが同期というようなケースはほとんどなくなり、まあ粒が揃ってきたような感じになっていた。

入省以来十余年くらいともなると同じ年次の組でもかなりバラけて来る。確かこの頃の庁内紙だったかと思うが「三十年組では大﨑仁くんがトップを走っている」旨の記事が目についた。その頃から私は大﨑くんの後任というポストが続くようになった。初中局の職業教育課

大﨑仁（おおさき・ひとし）
昭和八年生、京大法卒（新潟県）
○昭和三十年四月会計課、三十七年四月千葉県教委社会教育課長、四十三年六月職業教育課長、四十五年七月教職員養成課長、四十六年六月大学課長、五十一年一月高等教育計画課長、五十二年六月総務課長、五十四年二月学術国際局審議官、五十七年学術国際局長、六十年高等教育局長、六十一年文化庁長官
日本学術振興会理事長、東京国立近代美術館長

長、大学（学術）局の教職員養成課長、大学課長、高等教育計画課長と、実に連続して四つのポストで大﨑くんの後任を務めたのである。その頃の私は人に聞かれると「大﨑の通った跡にはペンペン草も生えていない。」などと言ったものである。これは決して悪口ではない。私が気付くような課題には前任の大﨑くんは必ず気付いていて何らかの手を打っていた模様が残っていたからである。

特に結果がはっきりと残っているのは大学入試改革であろう。明治以来何度も試みられながら構想やテストの段階でつぶれ実現をみなかった大学共通の入試の仕組みが大﨑、阿部、瀧澤という「三十年入省組」三代の大学課長の連携プレーで実現し、その後「共通一次」から「センター試験」「共通テスト」と名前を変え、やり方に修正を加えつつも今日まで四十余年も続いているのはまず第一に構想段階で大学関係者と十分な協議を重ねマークシート方式という新しい試験方式にも慎重な試行を続けた上で取り入れるなど第一段階の準備に当たった大﨑くんの功績と認めるべきであろう。

ところでその後また、実に第五回目という大﨑くんの後任をやらされることになる。内示は藤尾正行文部大臣からあった。藤尾大臣はいわば硬派の方で厳しいことで有名であったが、このときは意外なほど丁重にこのたびの人事の経緯について説明があった。すなわち①このたび三浦朱門文化庁長官から辞意が表明され後任の長官には大﨑高等教育局長を是非にと要請された。②それは了承するとして高等教育局長の後任をどうするかが問題となったが関係者一同の意見として阿部くん以外にないということになった。③そこで阿部くんの経歴をみてみると、これまで課長レベルのとき四回も続けて大﨑くんの後任を務めたことが分かった。④これは役所人事としては異常である。こういう連鎖は断ち切るべきだと思うが、他に適任者がいない。⑤ついては私は大臣として約束する。次回の人事ではこの連鎖は必ず断ち切るから今回だけは君に高等教育局長を受けてもらいたい。

私は唖然とした。なぜこんな話になったのか、藤尾大臣は就任されて一か月程度、私との接点は全くない。誰かがこんな過去の人事の情報を大臣の耳に入れたとしか思えないが、全く心当たりがない。それにしても何か答えなければいけない。「私はかねてから役人としては十分昇進もさせていただきましたので、いつでも退任する心積もりでいることを歴代上司に申し上げて来ました。今でもその気持ちに変わりはありませんが、大臣のご命令とあれば与えられた任務には全力投球いたします。」と答えた。

この内示の数日後、藤尾大臣の中国に関連する発言が不穏当であるとマスコミなどが大きく報じていた最中、藤尾大臣から「今夜某大学の理事長から誘われているので一緒に飯を食わないか」とのお話があり私から、「古村官房長も誘いましょう」と提案して三人でとある料亭に赴いた。あいにく車の渋滞で先方の到着がかなり遅れたところ、大臣から「今夜は実は君らも知っているだろうあの件で総理に呼ばれている。俺が辞表を出さないのでどうせ結局首を切られることになるだろう。かまわないから晩めしでもゆっくり食ってから行こうと思っていたが、あまり総理を待たせても、官房長官がウロチョロして可哀そうだから、そろそろ行ってやるか」と言って出掛けられた。結局食事にはならなかったが、総理を待たせたまま料亭でお茶を飲んでいるという貴重な経験をした。

大崎くんの話に戻るが、彼には「大崎スマイル」という独特なものがあって、大学の教授などと会うと彼等に信頼感、安心感を与えるのに役立っていたと思う。教科書問題で中国、韓国との関係が拗れたとき、彼は学術国際局長だったため、先方との話し合いに外国出張したがこのときにはさすがに大崎スマイルは全くなく非常に厳しい顔で出発して行ったのを覚えている。

なお褒めるばかりではよくないので気付いたことを一点加えると、彼は部下に対しては厳しい面があり叱るときには眼が三角になった。人は完全ではない。叱るときにはスマイルが消えるのはまあ、当たり前だろうが……。

形だけだった「五人会」
――西﨑清久くん（初中局長）

グループ作りというのはなかなか難しい。高校生時代からあまり意図せずにできたグループ「一作会」は、自然に類は友を呼んで実に七～八十歳代になっても最後の入会者が入ったようなグループであるが、コロナのために目下休止中だ。他に同じ高校生時代に意図的にこれは、と思う同期生だけを集めた「無心会」は、実に間に途切れることもなく最近まで七十年余りも続いたが、最近は別項で記載するように「総裁」だった中島くん（朝日新聞通信部長）が老人ホーム入りしたことなどもあり有名無実の存在となってしまった。

ところで昭和三十年（一九五五年）入省組の五人はもちろん元々の友人でもなく、言葉はよくないが「寄せ集

西﨑清久（にしざき・きよひさ）

昭和七年生、東大法卒（岡山県）

○昭和三十年四月企画課、三十六年十一月徳島県教委指導課長、四十二年十月会計課副長、官房参事官、四十五年七月高校教育課長、四十七年五月助成課長、五十一年六月財務課長、五十二年六月会計課長、五十四年六月初中局審議官、五十七年体育局長、五十八年官房長、六十一年初中局長

国立教育会館館長、東京国立近代美術館長

め」だから、正直に言えば何とか仲良くしようと努力して集まりを持つようにしたグループである。言い出しっぺは多分私だったかと思うが、年に二〜三回も集まって情報交換も含めた呑み会をやろうということだった。私には仲良くしようという他には何の特別な意図もなかったのだが、役所の同期の集まりというと最初からライバル意識のようなものが感じられ楽しい会合とは思えなかった。会の名称も特に意見もなく五人集まるのだからというだけで五人の会↓五人会と自然に言うようになった。

最初の集まりは多分「銀ブラ」、なんとなく歩いているうちにとあるバーへ入った。まだ戦後を引きずっている時期だったこともあるかと思うが、何の椅子らしきものもない「がらんどう」の部屋で、これまた飾りもないカウンター、人の気配もなかったが奥の部屋からは、さんざめく声も漏れてきたので、ちゃんとした部屋も別にあるらしい（というのは私の記憶だが、どこまで正確か、怪しいものだ）。やっと出て来たバーテンに立ち呑みで水割りを一杯ずつ頼み値段を聞くと一杯だけで五百円だという。当時月給八千七百円で就職したわれわれにとっては高すぎる。不愉快になって早速出ることにした。勘定をしにバーテンが奥に入ったとき、西崎くんが、突然カウンターにあった灰皿を自分のコートのポケットに突っ込もうとした。そこへバーテンが戻ってきたが灰皿はまだ半分までしかポケットに入っていない。「あわや」という場面、ここで私の記憶が突然途切れている。とにかく日頃穏やかな紳士然とした西崎くんに意外な茶目っ気があることにみんな楽しくなり、外に出てから大笑いをしたことは覚えている。あの灰皿は結局どうなったのか、それはいまだに彼に確かめていない。

われわれが成長して仕事も忙しくなるにつれ、五人会もだんだん間遠くなり、五十歳代にもなると三年に一回、五年に一回くらいに減っていった。

最後の幹事は多分私だったと思う。すでに全員が退職した後だったか、西﨑くんの都合をきいたところ体調不良で出席できない、四人でやってくれとのこと。「何年振りかの会なので、君の復調まで待つから連絡をくれ」と頼んでおいたが以後全然連絡がなかった。そのうちに庁内紙に西﨑くんがある私学の理事長になったとか、奥さんと外国旅行中だ、などという動静が伝えられたりして五人会のことは彼の念頭には全くなくなっているのか、幹事の私が嫌われているのかなどと考え込んだ。

彼は確か東京生まれ、戦争の故で岡山に移住しそのまま岡山大学を卒業したが、すぐに上京して東大に学士入学という履歴だったと思う。他人との交友にも「そつ」がなく、会計課長や官房長などの難しい仕事も十分にこなした人材だったがその才が溢れて多弁になることがあった。国会の予算委員会に出席して私と二人政府委員席に並んでいたとき、西﨑くんの答弁の後、総理からのメモがわれわれに届いた。「政府委員は聞かれたこと以外、余分な答弁はするな」と書いてあった。西﨑くんが「これは俺のことかな」と聞くので、つい「多分そうだろう。君の答弁、少し長かったな。」と言ってしまった。こんなことも彼の心の内に残っていたのか仕事の上の同期というのは難しいものだと、今でも思っている。

際立った平静さと安定感
——瀧澤博三くん（国立教育研究所長）

瀧澤くんはいわゆる「才走る」といったタイプではなく特に目立つような行動も認められなかったが、彼が慌てたり驚いたりした姿も見たことがなく、いつも平常心といった風情だったように思う。

瀧澤くんと言って真っ先に思い出すのは尾瀬である。彼は山についてはかなりの経験があるらしく入省した年の夏、彼の話に釣られてわれわれも六人（この頃はまだ一人欠けていなかった。）が揃って瀧澤くんのリードの下、夜行列車で尾瀬を目指した。まず上越線で沼田、バスで尾瀬に、夜明けとともに三平峠、長蔵小屋を経て燧ヶ岳に登頂、長蔵小屋まで戻って一泊した。翌日は日光方面に向かい、丸沼、菅沼あたりにたどりついてここ

瀧澤博三（たきざわ・ひろみつ）
昭和七年生、東大法卒（東京都）
○昭和三十年官房総務課、三十八年四月東大人事課長、四十年四月初中局地方課補佐、四十一年七月大学学術局大学課補佐、官房企画官、四十八年十月大学学術局技術教育課長、五十二年六月大学課長、管理局審議官、六十年日本学術振興会理事、六十三年東大事務局長、平成元年国立教育研究所長
帝京科学大学長、日本私立大学協会附置私学高等教育研究所主幹

で二泊目の予定だったが、まだ日が高かったので急に皆の気が変わり、もうひと足先に進もうということになった。メンバーは山についいては素人だが「山歩きの場合、急に日程を変えたりしてはいけない」という程度のことは全員が心得ていたが、騎虎の勢い、瀧澤リーダーも敢えて止めなかったので日光方面に向けて全員が歩き出してしまった。山の日暮れは早い。あっと言う間に闇が襲って来て木立ちの透き間は全て道のように見える。必死に歩きまわると同じ道を回っているように感じる。そのときわがリーダーは特に急ぐこともなく（といって十分な自信があったとも思えないが）ゆっくりと歩いていたが誰かが渓流の音を耳にし、誰かがそこでキャンプを張っていた人たちを見付け、方向を尋ねやっと奥日光温泉の一つ、日光沢温泉にたどりついた。もちろん山小屋程度の宿で囲炉裏端にごろ寝、疲れ果てたが、五人会の諸兄、あのときのことを覚えているだろうか。皆の失敗の経験だったが、あのときくらい五人（当時は六人）の心が近寄ったことはなかったのではなかろうか。懐かしい、懐かしい思い出である。

その後、大﨑、阿部、瀧澤の三人は課長時代に大学学術局に集まって大学改革という共通の仕事に取り組んだりしたが、西﨑、鷲尾の両君とは同じ省内だがほとんど接触のない道を歩んだ。私が次官になったとき、幸いにも国立教育研究所長のポストが空席となり、それ以前のこの研究所の業績が初中教育に偏っているように感じていたため大学行政にも大学の現場にも経験の深い瀧澤くんにこのポストを委ねたが、以後彼は見事に学者さんに変身したようである。

文部省随一と嘱目されていた人物
――加戸守行くん（官房長、愛媛県知事）

加戸守行くんは昭和三十二年（一九五七年）大学学術局技術教育課へ入省だから私より二年後輩となる。本来ならば後輩の紹介は年次の順に進めるべきところであるが、この場合は加戸くんから始めた方が後が書き易い。そう思って加戸くんをトップに取り上げることとした。

加戸くんが入省した当時は第二次世界大戦の後、世の流れが科学技術の振興を重視する方向に流れ、特に実務的な技術者の養成・確保が大きな課題となって来た時期であり、文部省でこの問題を担当する技術教育課には当時テクニシャンなどと位置付けられていた中級技術者の養成・確保の仕組みを考えるという具体的な問題がのしかかっていた。実際にはまず一時暫定的に認められてい

加戸守行（かと・もりゆき）

昭和九年生、東大法卒（愛媛県）

○昭和三十二年四月技術教育課、三十五年七月地方課、三十九年四月徳島県教委管理課長、四十一年四月著作権課補佐、四十三年七月地方課補佐、四十五年七月文化庁著作権課長、四十九年六月学校給食課長、五十一年十一月地方課長、体育課長、総務課長、文化庁文化部長、文化庁次長、六十一年六月体育局長、同九月教育助成局長、六十三年大臣官房長

公立学校共済組合理事長、日本著作権協会理事長を経て、愛媛県知事（三期）を務める

令和二年、八十五歳で逝去

た短期大学制度に手を加え「専科大学」とする案などが浮上していたが、結局は工業系の高等学校の上に短大レベルの二年過程を載せ中等教育と高等教育をつなげた「高等専門学校」という新たな学校制度を作るという方針が取られた。これは戦後六－三－三－四という単線型に統一されたわが国の学制を一部ではあるが六－三－五という複線型を付け加えることになる。理屈としても難しいことではあったのである。

問題を背負った技術教育課にはそれを担当するに足る十分なスタッフもなく、その結果新入省者には無理と思えるような仕事も加戸くんの肩に振りかかり、気の毒な面もあったが、逆にそれに堪えて頑張った加戸守行の名は自然に周辺に広がったのである。

私が大学学術局の筆頭課である庶務課へ配置換となったのは昭和三十三年（一九五八年）、加戸くんが入省して二年目に入ったときだったが、早速局内の各課にあいさつまわりをしたところ、技術教育課はほとんどが不在で加戸くん唯一人が肘かけもない椅子に腰かけ、両足は机の上に顔は上向きで汗まみれ、疲れ果てた顔で寸時の眠りを貪っている様子であった。「ああ、これは昨夜は徹夜での資料作り、大変だったろう。」とそのまま立ち去ろうとすると、彼が目を覚まし「やあ、どうも……」とだけ言った。これが初顔合わせだった。

幸いにこの頃から技術教育課の態勢作りは進みはじめ、課長補佐は増員されて前述の柳川覚治さん（後に体育局長、参議院議員）が着任、加戸くんの後輩の村上くん（三十三年組？）も加わってやや余裕が出てきたのである。

加戸くんはかなり野球好き、村上くんも同様、さらにノンキャリで加戸守行とかなり名前がまぎらわしい加藤義行くん（後に広島大学事務局長）という高校時代硬式野球部だったと言う男などもいて、暇ができるとすぐ野球熱が盛り上がる。土曜の午後などたびたび草野球の試合を計画し、私のところへ「助っ人」の依頼が来る。私も心得ていて常に古くなって板のように固くなったグラブと表面がささくれて刺になるようなバットを持って喜んで参加するようになった。

野球の帰りには必ず新橋の「おのぶ」という呑み屋に寄り、名前は忘れたが可愛い店員さんのお酌でコップ酒を呑んで勝敗に関係なくご機嫌で帰宅したものである。


その後加戸くんは初中局に見込まれて、確か地方課に異動し初中局中心ではあるがさらに省内の幾つかのポストを経験、学校給食問題や著作権問題などでも名を挙げていた。特に著作権では、わが国随一の権威と認められていた佐野文一郎さん（第五十五代事務次官）をして「俺が学士、修士なら、加戸くんは博士だよ」と言わせるほどの評価を受け分厚い著書も公表した。

私が大学局審議官のとき、韓国の文部省から招待を受け十名ほどで十日間くらい韓国各地の名所、古跡などを見学したことがある。「日頃、お世話になっているお礼だ」というだけで本当は何のためかよく分からないまま、私が団長ということで、メンバーに加戸くん、古村くんや教科調査官の古代史の先生なども加えて出発した。まずソウルで先方の文部次官を表敬訪問したところ、最初に私と形式的な握手をしただけで、彼はすぐ加戸くんに話しかけ流暢な日本語で「加戸さん、あなたが加戸さんですね。私はあなたの著書で著作権の勉強をしているんですよ。」と書棚から分厚い書物を取り出して来た。ここに至ってさすがに鈍感な私でも今回の韓国側のご招待には加戸くんの著書という絆があったのかと気付いたのである。

その後韓国の各地を巡り地元の人たちと付き合うと、昼間は必ず難しい顔をして、通訳を介してしか話し合いに応じないが、特に相当の年齢に達した方たちの場合は夜の宴席ともなると膝を付合せて日本語で話し合い、子供の頃指導してくれた先生の思い出話ばかりが出てくるのには驚いた。以来今日まで四～五十年にもなるが何かとギクシャクする日韓関係もこういう基礎があるのだから何とか良好な関係に戻りたいものだと今も思っている。

加戸くんとはそれ以降も淡々とした付き合いが続き、特別なこともなく過ぎてきたが、結局、第一部で触れたように、私の立場から言えば望んでもいない次官ポストに押し上げられたり、リクルート事件の後始末で関係者から恨まれたり、加戸くんがらみで苦しい立場に立つこともあった。ただ、私は若い頃からの彼との付き合いを懐かしく思い出すことはあってももちろん嫌な思い出などと思うことは全くない。

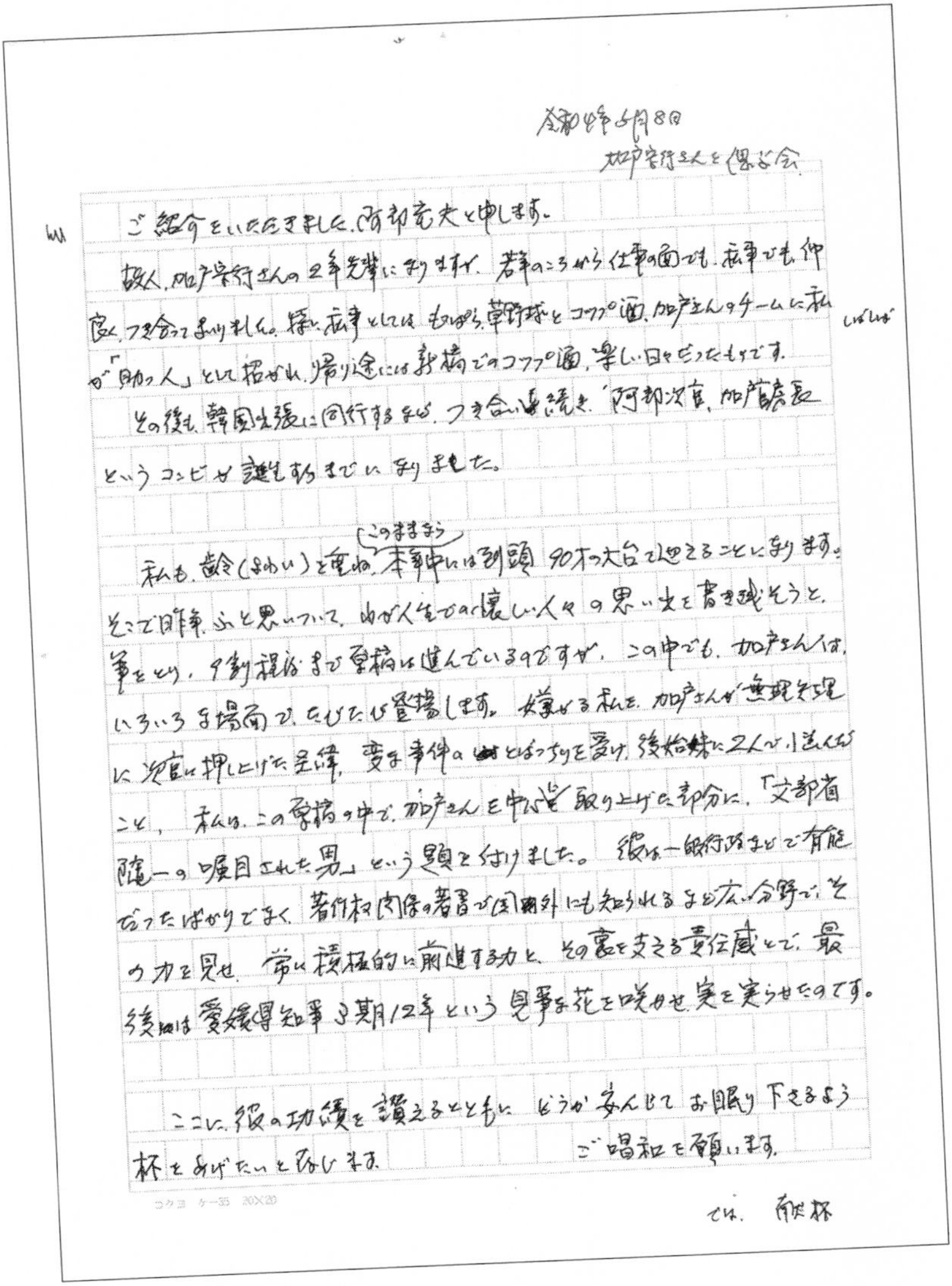

令和4年5月8日
加戸守行さんを偲ぶ会

ご紹介をいただきました、阿部充夫と申します。

故人、加戸守行さんの2年先輩になりますが、若年のころから仕事の面でも、私事でも仲良く、つき合っておりました。特に私事としては、もっぱら草野球とコップ酒、加戸さんのチームに私が「助っ人」として招かれ、帰り途には新橋でのコップ酒、楽しい日々だったものです。
しばしば

その後も、韓国出張に同行するなど、つき合いが続き、「阿部次官、加戸官房長」というコンビが誕生するまでになりました。

私も、齢(よわい)を重ね、このままなら本年中には到頭90才の大台を迎えることになります。そこで昨年、ふと思いついて、わが人生での懐しい人々の思い出を書き残そうと、筆をとり、4割程度まで草稿は進んでいるのですが、この中でも、加戸さんは、いろいろな場面で、たびたび登場します。嫌がる私を、加戸さんが無理矢理に次官に押し上げた経緯、変な事件のとばっちりを受け、後始末に二人で苦労したこと、私は、この草稿の中で、加戸さんを中心に取り上げた部分に、「文部省随一の嘱目された男」という題を付けました。彼は一般行政などで有能だったばかりでなく、著作権関係の著書で国内外にも知られるなど広い分野でその力を見せ、常に積極的に前進する力と、その裏を支える責任感とで、最後には愛媛県知事3期12年という見事な花を咲かせ、実を実らせたのです。

ここに、彼の功績を讃えるとともに、どうか安んじてお眠り下さるよう杯をあげたいと存じます。
ご唱和を願います。

コクヨ ケ-35 20X20

では、献杯

加戸守行さんを偲ぶ会献杯挨拶のための文案

なお、彼は退官後幾つかのポストを経て、愛媛県政立て直しを託され知事選に出馬、当選。愛媛県の知事となり県民のために地方行政の分野で十数年間、大きな成果を挙げられた。今はその功績を称えるのみである。

またこれで止めておこうかとも思ったが、やはり付け加えておこう。

加戸くんは私と交流、交友関係のあった文部省の先輩、同僚、後輩を含めた全体の中で、最も将来を嘱目されていた人物であり、その能力は行政施策の処理はもとより著作権制度に関する著作、学校給食に係る栄養や医学的な知識等々多面にわたる能力を持ち、自尊心、自負心も強くさらに自分の行為に関する責任感もしっかりとしていた。こういう人物がなぜ、高石さん（第五十七代事務次官、収賄罪で有罪となる）に取り込まれたのか不思議でならないが、その後の知事としての立ち直りはこれまた立派だった。このことを記録しておこう。

一見大物風だったが、割合に真っ当
——古村澄一くん（初中局長）

古村くんは昭和三十一年（一九五六年）組なので一年後輩となるが年齢が同じと聞いていたので私からは「古さん」と呼んでいた。とは言ってもほとんど接触の機会はなく、パーティーなどで出会ったとき手を挙げて「ヤー、ヤー」と声をかける程度だった。

前項で取りあげた加戸守行くんとは東大の学生時代からの親友、加戸くんの話では加戸くんが駒場の学生寮に入寮したとき、先住民として古さんがいたそうで、まず、「加戸、お前はどこの生まれだ」と尋ねられたので「愛媛県の八幡浜だ」と答えたら「知らねえな」と返ってきた。逆にこちらから「古さんは？」と聞き返したら「石川県の××だ」という返事だったのでこちらも「知

古村澄一（ふるむら・すみいち）
昭和七年生、東大法卒（石川県）
○昭和三十一年四月振興課、学校保健課、総務課審議班、三十八年七月三重県教委指導課長、四十年十月初中局中等教育課補佐、地方課補佐、総務課副長、四十五年七月記念物課長、四十九年七月福岡市教育長、五十一年十二月体育局学校給食課長、財務課長、総務課長、文化庁文化財保護部長、初中局審議官、体育局長、大臣官房長、六十三年初中局長
日本体育・学校健康センター理事長、教科書研究センター理事

らねえな」と言ってやった。それ以来の友達になってしまったとのこと、そして就職も同じ文部省に入省し、大体は初中局、体育局などの同じような系統の仕事をし、最後はリクルート事件の「とばっちり」で同じ日に文部省を退任したのだから、これは生半可な関係ではない。

その他にもう一点、加戸くんが入省時の面接で形どおりの「なぜ文部省を選んだのか」という質問に「古村先輩が勤めているところだから」と答えたという話もある。これは噂だから確かかどうかは保証できない。

加戸くんと私が雑談をしているとき、何のきっかけもないのに加戸くんの口から「古さんは阿部さんを恐がっていますよ、私は恐くも何とも思わないのに……なぜなんでしょうね……」という言葉がしばしば、といっても四〜五回くらいだろうが出たことがある。私と古さんの間では、そもそも叱るとか怒るとかそういう関係すら全くなかったのだからそれが不審だし加戸くんがなぜそんな話題を私との間に持ち出すのか、そんなことをつい考えてしまったが今では確かめる術もない。

それはともかく、昭和五十九年（一九八四年）七月、多分行政改革の一環だったろうが、文部省についても機構改革が行われ、特にそれまで肥大化を続けて来た初中局が主として教育内容を担当する初中局と主として教育条件（教職員、給与、施設）を担当する教育助成局とに分割されたことは、際立った改変であった。このときの人事で教育助成局長となった私は初めて初中局サイドの雰囲気に身を置いたわけだが、従来の初中局が多分そうだったのであろう。局長というポストが局内では何かと殿様扱いをされているような気配に嫌みを感じたものである。このような雰囲気の中で、恐らく高石さん、古さん、加戸くんのトリオのような結び付きが、多分無意識のうちに形成されたのであろう。

その後高石さんが次官になり彼の退任後に私が次官に推され、リクルート事件が発覚し……といった経緯は第一部の方でかなり書いたのでもうここでは繰り返さない。

しかし高石さんを信頼し兄事していた古さん、加戸くんの二人としてはリクルートのことなど何も関わりもないのに巻き込まれてしまった悔しさは同情に値する。

私は西岡文部大臣に対しては古村、加戸の両君は高石さんと親しかったため行動をともにするケースが多かったようだが、リクルート社との関係においては、高石さん単独の行動であってこの二人がゴルフや宴席などをともにしたケースはなく、公務員法に違反する行為もなかった旨を説明し理解はしてもらったが、結局はこの事件発覚後のマスコミ報道等で社会的にはこのことが混同されてしまい、文部行政全体の公正さ、清潔さに疑念を抱かれるような雰囲気となっていることについては何らかの対応をし、世間にご理解をいただく他はない、と進言したのである。

更迭という言葉には本来、懲戒的な意味はない、あるポストについてそこに就任している者を取り替えるという意味である。しかし現在、一般的にはこれに懲戒的ニュアンスを含めて使われることが多い。細かいことではあるが私は新聞発表でも記者会見でもこの言葉を避け、「一連のリクルート関係の問題が背後にありそれにピリオドを打つ意味はあるが」「今後の文部行政のための体制作りが狙いである。」旨を特に強調した。ただ古さんなどはこの人事異動による心の痛みを後々まで癒し切れなかったかもしれない。

臨教審の審議に尽力、研究者タイプ
——齋藤諦淳くん（生涯学習局長）

齋藤諦淳くんは、昭和三十二年（一九五七年）組で、前述の加戸守行くんなどと入省は同期、大学学術局庶務課に入ったわけだが、この当時の庶務課は、大学関係は大学課、学術関係は学術課という二大勢力に挟まれて、局全体の庶務を整理する他は、大学の設置認可や在外研究員の派遣を担当するなどの限られた業務を所管するだけの、かなり影の薄い存在であった。

私は昭和三十三年（一九五八年）に、この庶務課へ法規企画係長という名目で配置換となり、一応の名目上は、齋藤くんなどの上司というかたちではあったが、ラインとして処理すべき業務はゼロ。齋藤くんは大阪大の修士課程卒という研究者的な能力を買われて、もっぱらスタッフ的に国立大学教員の給与改善問題の検討や、大

齋藤諦淳（さいとう・たいじゅん）

昭和八年生、阪大大学院修了（大阪府）

○昭和三十二年四月庶務課、職業教育課、振興課、三十九年七月千葉県教委社会教育課長、四十二年一月中等教育課補佐、高等学校教育課補佐、四十七年七月医学教育課長、研究機関課長、大学課長、大学局審議官、五十九年総理府臨時教育審議会事務局次長、六十二年社会教育局長、生涯学習局長

放送大学学園理事、龍谷大学客員教授、常葉学園大学長等

学進学率の上昇や十八歳人口の変化などを踏まえた将来の大学の規模の変遷などについての検討などに関わっていたように記憶している。

彼は結局、本質的には研究者であったのであろう。仕事の合間にコツコツと論文を書き溜め、国立大学の予算編成のあり方をテーマとして論文博士号も取得したと聞いている。

仕事の上でも順調に昇進して、中曽根総理の発案による臨時教育審議会が設けられたときには、審議会の事務局長となった佐野文一郎文部事務次官を助けて、事務局次長として実務を担当し、文部省と総理官邸との落差を埋めるために貢献したものと思われる。

ただ彼にも私の目からみればやや問題と思える点があった。種々の人と知り合うことをむしろ積極的に進め、そこから種々のことを学び身に付けていく、上品に言えばそれが彼の生き方の基本だったようだが、私の目からみると時々その基本線の本質的な部分をハミ出して、たとえばリクルート社との関係でもゴルフ場やスキー場あるいはクラブの利用などに便宜を図ってもらう、私立の大学との付き合いでもその大学の施設を利用させてもらう、そういう方向に走ってしまうという危なっかしい面があった。リクルート事件の記者会見の際私が「公務員としては違法とまでは言えないがいささか軽率であったとの謗りをまぬがれない」と述べたのもその点を指摘したものである。

後年彼はパーキンソン病を患い不自由な生活を余儀なくされていたが、園遊会のときだったか陛下が通られる予定の通路の反対側から「アベさーん、アベさーん」という女性の呼びかけに驚き慌てて通路を横切って近づくと齋藤夫人だった。隣に車椅子の齋藤くんがいて彼は病気の故か全く無表情だったが、文部省の同僚でもあった夫人は久し振りの再会を本当に喜んでくれた。

肝の据わった明るい男
――國分正明くん（第五十九代事務次官）

國分くんは昭和三十四年（一九五九年）組で私の後任の事務次官である。なぜか私は彼のことを「分さん」と呼ぶ。理由は自分でも分からないが、多分その方が呼び易かったというだけのことらしい。

リクルートの後始末の人事で西岡大臣と私が私の辞任について論争している際、常に私の脳中にあったのは辞任が認められたとき私の後任としては誰を推薦するかの一点であった。今回の事件にどれほど関係があったか・ないかは別にしても、文部省の職員人事をかなり動かそうと考えておられるらしい大臣の意向を考慮しながらも、国民の信頼を回復できるような文部省の体制を組み立てていくことを最終目的として、何度も何度も職員録

國分正明（こくぶん・まさあき）
昭和十一年生、東大法卒（福島県）
○昭和三十四年社会教育課、大学課、地方課、四十年北海道教委総務課長、四十三年著作権課補佐、会計課副長、四十九年著作権課長、五十一年鹿児島県教育長、五十四年地方課長、財務課長、会計課長、五十九年私学部長、六十一年体育局長、高等教育局長、大臣官房長、平成二年第五十九代文部事務次官
公立学校共済組合理事長、日本芸術文化振興会理事長、教職員生涯福祉財団理事長

をめくり直した結果、年次は飛ぶが三十四年組の「分さん」に目を付けた。

このことは加戸くんにも相談しなかった。実は私は分さんともほとんど付き合いがなくよく知っているのは彼の笑い声だけだった。隣の部屋に誰かが入る、部屋の主と話し声があって笑い声が聞こえてくる。「隣には分さんが来ているよ。」なんの屈託もないような明るい声「やはりこれだ。肝も据わっている。これに賭けよう」と私は決意した。もちろんこの話には若干の誇張がある。それまでに顔も知っている。若干の口を聞いたこともある。それでもなお「彼の笑い声」に賭ける気になったのは事実だ。

ところが結局これまで述べたような諸々の情勢から私の辞意は認められず、当面留任することとなったため、私は彼を官房長という要職につけ省内の安定を第一の目標に目を配るよう配慮することを依頼、その後約一年を経て彼に次官職を委ねて無事に引退することを得たのである。この人事は成功だったと私は自分を評価している。

いたずら者だが能力は抜群だった
――坂元弘直くん（第六十代事務次官）

坂元くんは昭和三十五年組、三十五年（一九六〇年）四月一日に大学学術局庶務課法規企画係……つまりは私の配下に入省して来た。官房サイドでまずは辞令を受け取った後、庶務課の入り口に来てキョトキョトとあたりを見まわしていた。課長や補佐が席を外していたので私が応対、とりあえず彼用に用意した机に座らせ、しばらくこの辺で待つように言い付けてそのまま忘れていたら、総務課往復班（文書等の接受、発送、保存や官印・省印の管守などを担当する組織）の主査から私に電話があり「阿部さんのところの新入省者だと言う坂元くんという男がこちらの部屋に来ており、出入りする女性職員に声をかけたりして邪魔で困っているから引き取ってくれ」とのこと、驚いて行ってみると確かに彼がその部屋

坂元弘直（さかもと・ひろなお）

昭和九年生、東大法卒（東京都）

○昭和三十五年四月庶務課、三十八年助成課、四十年地方課、四十二年福岡県教委秘書課参事、同教職員課長、四十四年地方課補佐、会計課副長、五十年福利課長、学校給食課長、私学振興課長、五十七年大学局大学課長、会計課長、私学部長、平成元年高等教育局長、大臣官房長、初中局長、四年第六十代文部事務次官

平成七年国立科学博物館長、東京国立博物館長

平成十三年、六十七歳で逝去

にいた。連れ戻りながら「何をしていたんだ」と聞くと「退屈だったので廊下に出て通りかかった人に女性が多い所はどこかと聞いたらあの往復班を教えてくれた。結構美人も出入りしていたので所属など尋ねていた。」と平然としていた。全く悪気がない。これが入省初日、まだ所属課長にあいさつもしていないときのことである。

その夜は正式の歓迎会はいずれ……とし、とりあえず事務室の中でのコップ酒となったが「歌でも歌え」と言われると「ダンスパーティーの夜」だとか「北帰行」だとか、かなり張りのある声でよく歌った。とにかく何事でも臆面もなく対応する性質らしいので早速課員皆から可愛がられた。歌手の坂本九にちなんで「キューちゃん、キューちゃん」と呼ぶ者もあり「弘直」の「弘」は「グ」とも読むからとの変なこじ付けで「グチョク」などと言うものもいた。（私ではない。）

翌日から早速大学管理運営改善協議会関係の資料整理をやらせるとキチンと処理するし、角ばった大きな字なので読み易かった。

入省一年ほども経った頃だったか、彼の省内の女性職員に声をかける癖は相変わらずだったが、ある日同じ課の岡田修一さん（後出）から私に「東北地方のある方面の人が娘さんの結婚相手を探しているんだが誰に紹介しようか……」との相談があり即座に「ああ、坂元がいいよ、いたずら癖はあるが根は悪い奴じゃないから」と推薦した。坂元はすぐ「見合いをする」という返事をしたようで、この件は進行することになった。私は念のため坂元くんに「女性に声をかけたり、肩に手をかけたり、軽率なことはもう止めるんだぞ」と一言だけ言っておいた。ほぼその直後くらいだったか私は宮城県へ出向となったが、坂元くんが結婚をし品行方正？になっておとなしく仕事に励んでいると聞いて安心していた。（注：『ひとつの人生の棋譜』國分正明、百十四頁参照）

その後彼とはあまり直接の付き合いはなくなったが、彼は皆から好意を持たれ、いわば出世コースと言われるようなポストを歩き、いずれ将来は次官にも……と目されるようになると彼が学生時代、多分結核か何かで二年ほど遅れたことが心配されるようになった。

先に鈴木勲さん（文化庁長官）が次官にまで到達できなかったのは、戦争経験で学業が遅れ、入省が遅れたためだということは、省内ほとんどが信じていたことだけに、年齢的にかなり難しい立場にある坂元くんに対して何とか次官にまでは……と念願する者も多かった。

私が管理局長となり私学を所管する立場となったとき、私学に幾つかの不祥事が発覚、その処理に苦労したことは第一部に書いたとおりだが、このとき坂元くんは多分私のためを思ってくれたのだろう。時折ふらりと私の部屋に現れては彼の耳に入っている私学の情報を幾つか報告してくれた。彼は性格的に情報通で、私学について公式でない情報が耳に入ってくるようだったが、それ以上に深い関係には踏み込まないという非常に賢明な妙技の持ち主だった。

結局、リクルート事件のとばっちりもあって次官の年次に一〜二年の余裕ができたこともあり、彼は皆の期待の下に悠々と次官に就任できた。もちろん私が直に仕組んだわけではないが、彼の次官就任はリクルートがらみの省内人事について文部省職員たちが受けていたショックを緩めることにも役立ったと思う。

最後に女性職員に何かと関心を示す森繁久彌的な彼の癖は老いてもなお続いたようだが、これは彼の女性に対する信愛の情のあらわれであり、ただのいたずらの域に留まっていたことは私が証言しておこう。

放送大学創設と一輪車
――前畑安宏くん（体育局長）

前畑安宏くんと言えば、私が、すぐに浮かぶのは、放送大学創設と一輪車である。彼は昭和三十六年（一九六一年）組、部下などに対して少し厳しすぎるとの評価もあるが、私が、大学課長として共通一次試験を発足させた後、すぐに高等教育計画課長に配置換され放送大学創設に着手したとき、彼は大学局担当の企画官として、この問題を専門に担当して準備作業を進めてくれたのだった。予算の次官折衝の段階まで進みながら自民党内の異見で創設がつぶれそうになった。このとき、急遽、これを放送教育開発センター創設に切り替えるという案を進言してくれた。

わずか三十分の間に、これを復活折衝のための予算案へ組み換え、さらに次年度の予算で、放送大学が認めら

前畑安宏（まえはた・やすひろ）

昭和九年生、九大法卒（長崎県）

○昭和三十五年十一月官房総務課審議班、著作権課、振興課、四十二年十一月三重県教委指導課長、四十四年十月大学学術局学生課補佐、振興課補佐、会計課副長、大学局企画官、五十四年六月技術教育課長、医学教育課長、大学局高等教育計画課長、企画課長、総務課長、文化庁文化部長、大臣官房審議官、平成元年四月体育局長、高等教育局長、生涯教育局長

放送大学学園監事

れるところまでつないだ。この功績は大きい。担当課長だった私は、前年には大学課長として大学入試センターの設立のための予算の確保と法律案の成立まで実施。次の年には、先の前畑案によって放送教育開発センター設立という相似たものを実現。内閣法制局の審査では「阿部さんは、またセンターの設立か、センター屋だね」とからかわれた。

もうひとつの一輪車の話は、文部省の運動会の際、体育局長になった前畑くんが一輪車に危なっかしく乗って私の前に来て「やっと乗れるようになりました」と報告したというだけのことだが、何か月もかかってやっと乗れるようになったその喜びを上司である私に見てもらいたいという無邪気な顔、このときの嬉しそうな顔は今でも思い出す。

前畑くんは、つくば学園都市のほうに移住してからひさしく、ＯＢ会などの顔合わせの他はなかなか会えなくなった。コロナ禍のこの頃、年齢からも「もう一輪車は無理だろうな」と思っている。

素直でおとなしい性格
——野崎弘くん（第六十一代事務次官）

野崎弘くんは、昭和三十七年（一九六二年）の入省組で、初めは大学学術局庶務課に配属された。ちょうど、私が宮城県に出向した年のことですれ違いとなり、ほとんど記憶がない。ただ、素直でおとなしい性格だったようで、庶務課のノンキャリグループの評判はよかった。

特に、友崎貢さん（後述）が酒を呑んで乱れてくると私に対して「アベちゃんなんかと違ってノンちゃん（野崎くん）はよい子だった」と憎まれ口をたびたび言われた。その後野崎くんとは、新宿区戸山町の公務員宿舎で一緒になった。

そのときも、何となく目礼するぐらいで言葉を交わした記憶はない。ただ、私の家内とは親しくあいさつなどしていたようで、家内からは「あの人はいい人よ」とい

野崎弘（のざき・ひろし）

昭和十四年生、東大法卒（東京都）

○昭和三十七年四月庶務課、総務課審議班、地方課、四十三年七月北海道教委総務課長、四十六年七月初等教育課補佐、幼稚園教育課補佐、財務課補佐、総務課副長、官房企画官、五十四年十一月北九州市教育長、五十七年初中局地方課長、企画室長、政策課長、五十九年臨時教育審議会事務局総務課長、六十一年大臣官房会計課長、官房長、初中局長等を経て、平成七年第六十一代文部事務次官

う評判を聞いていた。

三十七年組といえば、遠山敦子さん（後に文部科学大臣）と同期になる。他に頭抜けた人もいなかったようで、皆の注目が遠山さんに集まっていたこともあり、野崎くんは、あまり目立たないように感じていたが結局、野崎くんが事務次官に昇格、その後も東京国立博物館長にもなった。その退任後に急逝したが、死因などは知らないままである。

女性キャリアナンバーワン　後に大臣

——遠山敦子さん
（文化庁長官、トルコ大使、文部科学大臣）

昭和三十七年（一九六二年）には文部省で初めての女性キャリア小沢敦子さんが入省した。この年はたまたま私が宮城県へ出向するときと重なっており、出会う機会もなく現地に赴いたし、二年後に本省へ戻ったときも大学学術局技術教育課の課長補佐というポストで国立工業高等専門学校という新しい高等教育機関の創設・整備や短期大学制度の恒久化などの仕事に関わっていたため小沢さんとは出会う機会もなく、昭和四十二年（一九六七年）私が官房人事課副長というポストに就いてから初めてその名を目にしたのである。当時人事課副長のポストは一般人事の他に特にキャリア組の人事を担当することになっていたため、名簿を見て驚いた。小沢さんが結婚

遠山敦子（とおやま・あつこ）

昭和十三年生、東大法卒（静岡県）

○昭和三十七年四月婦人教育課、社会教育課、初中局財務課、総務課審議班、人事課専門員、学術課補佐、官房企画官、五十二年九月情報図書館課長、国際学術課長、中学校教育課長、高等教育局企画課長、六十三年文化庁文化部長、平成元年四月同次長、三年六月教育助成局長、高等教育局長、六年文化庁長官
駐トルコ共和国特命全権大使、国立西洋美術館長、十三年文部科学大臣（第一次小泉内閣）

して遠山さんと改姓していたことである。通常であればそのこと自体は別に驚くことではないが、当時初中局財務課の係長になっていた遠山敦子さんの隣の席（部下）に同じキャリアの若手、遠山耕平くんがいたからである。

私がどう誤解したかは読者は分かってくれるだろうが、その誤解は直ぐに解けた。小沢さんの相手方は民間の研究者でたまたま遠山さんという姓の方だったというだけのことであった。それにしてもこんな偶然もあるものだと感心した。

遠山さんとは、直接に接触することはなかったが、人事課副長として諸々の噂や評価は入ってくる。私は、「これは逸材だ」と思い、男女の性別は関係なく能力を見て人事を行う、そういう手法でやることで上司の同意を得た。

かくして遠山さんの歩いた道は、各局のホット・コーナーばかり、男女の別など関係なく、年齢、経験、その能力を発揮し、パートナー、小さい子供さんを抱えつつも、容赦もなく与えられた責任を果たしていくという歩みだったと思う。

本人は、よくその期待に応えてくれた。もちろん周りの人間、上司、同僚、いずれもいろいろ気を配りつつも、常に本人の人柄と気力を信じ、応援する態勢であったことは疑うべくもない。

後々、私が高等教育局長になったとき、初めて遠山さんと真正面から付き合う立場になった。高等教育局の筆頭課である企画課長になっていた遠山さんに「あなたと一緒の職場になるのは初めてだね」と言った。遠山さんの入省後二十五年目だった。

永年、一度は一緒に仕事をしてみたいと思っていた人物に出会えた喜びを感じ、あとは遠山課長の指示のまま、大学審議会設置法案で、近年の国会では最後といわれる乱闘国会の修羅場も乗り越えた。

この大学審議会は、積年の大学改革の諸課題を次々に取り上げ、ある程度の方向についての目途が付いたところで私は高等教育局長から文部次官を経て退任した。この頃になると遠山さんは文化庁関係の仕事に移っており、諸々の課題に身をもって対処し処理しておられた。

芸術文化振興基金の創設や第二国立劇場（新国立劇場）創設という通常の文部省スタッフではなかなか成し遂げられない大変な業務を、文化庁文化部長、文化庁次長として、さらには文化庁長官として、全てを世に出すという大仕事を成し遂げられ、平成八年（一九九六年）退官されたのである。

そして、平成十三年（二〇〇一年）、彼女は選ばれて政治家でない役所出身の文部科学大臣に就任された。この当時、私も七十歳に達し、そろそろ叙勲の話が出ていた。

私自身は、そんな業績もない、平凡な次官で勲章は恥ずかしいので、死んだらあとはお任せしますから死後叙勲にしてくださいとお願いした。しかし、勲章をくださる方が実質、遠山文部科学大臣と知って、たちまち変節して有難くお受けすることにした。これは嬉しかった。

全てに積極的、厳しい面も
――井上孝美くん（第六十二代事務次官）

昭和三十八年（一九六三年）の上級職には、私と付き合いの多かった人たちが多い。人事課で省内や国立大学の労務担当という他の人から敬遠され易い仕事をよく処理してくれた小埜寺直巳くん、どのポストに変わっても何となく私の周りにいたような感じの奥田与志清くん、大学課で同姓同名の同僚と並んでしまった吉田茂くん、米軍基地のゴルフ場へ何かのコネで案内してくれた田村誠くん、その他、竹田弘くんや糟谷正彦くんなども記憶に残っている。

井上孝美くんはこのグループの一員で、前述の前畑安宏くんの後任として大学局企画官となり、放送大学創設の事業を進めてくれた。仕事ぶりは常に積極的、部下に

井上孝美（いのうえ・たかよし）
昭和十二年生、東大法卒（熊本県）
○昭和三十八年大学局大学課、管理局振興課、四十五年大分県教委教職員課長、四十七年初中局地方課補佐、五十三年官房総務課補佐、同副長、五十四年大学局企画官、五十六年学生課長、六十年助成局地方課長、六十一年財務課長、六十二年官房総務課長、教育助成局長、平成六年初中局長、平成八年第六十二代文部事務次官

対してもほどほどに厳しく、結局は同期の中から抜け出して第六十二代の事務次官となり、後に放送大学では私の後任の理事長として、放送大学の全国展開に尽力されたのである。

安定し、よくできた人物
——佐藤禎一くん（第六十三代事務次官）

佐藤禎一くんとの出会いは、彼が初中局財務課のときだったかと記憶しているが、実際に付き合いがあったのは私が教職員養成課長の時代、彼が大学課の課長補佐に就任してきたときからである。当時の大﨑仁大学課長の下で登用され、特に国立大学予算と法規関係を担当する国立大学についてはオールマイティーのポストに就いていた。

若いながら総合的に見て安定し、すでに人物としてもできあがった人柄には私も刮目していた。彼のところには、国立大学の教授や部課長が、予算関係で日参し、陳情する姿が目に映っていた。

当時、私は教職員養成課の部下たちに「君ら、大学課の禎ちゃんを見ろ、大学の人たちがたびたび訪れ陳情

佐藤禎一（さとう・ていいち）

昭和十六年生、京大法卒（大分県）

○昭和三十九年管理局振興課、財務課、四十六年福岡県教委教職員課長、四十八年官房人事課補佐、大学課補佐、会計課副長、五十五年東大経理部長、五十六年初中局企画官、教科書管理課長、大学課長、総務課長、大臣官房審議官、文化庁次長、学術国際局長、平成六年大臣官房長、九年第六十三代文部事務次官

日本学術振興会理事長、ユネスコ日本政府代表部特命全権大使、東京国立博物館長

し、おそらくアウトと言われたのだろうが、首切り浅右衛門ではないが、切られた首が笑っている。こういう首の切り方を養成課でもよく考え、参考にしてみろ」なんて指導したこともある。

大﨑大学課長の後を私が継いだ。大﨑くんは佐藤くんのことを「禎さん、禎さん」と呼んでいたが、私はなぜか「禎ちゃん、禎ちゃん」と呼ぶようになった。課長として彼を指導すべき点などはなく、仕事はおおむね任せっきりだったと記憶している。

そんな彼にも欠点はあった。第一にスポーツが苦手なことで、役所の運動会でも、課として野球の試合をするときでも必ず姿を消してしまう。それが終わってどこかで打ち上げをしているときは必ず姿をみせた。麻雀はかなり強いと噂に聞いていた。また、ディズニーランドが大好きとかで、私とは正反対の性格だったが、これは必ずしも良い悪いという問題ではないだろう。

ただ一度、彼は性別問題ではいわゆる進歩的な考えを持っているだろうと思っていたが、そうでもないと思わせることがあった。確か、板東久美子（旧姓馬場）さんというキャリアを大学課に採用したときのことだった。佐野文一郎大学局長から私に「新しい入省者のうち馬場さんを大学課に入れてほしい」という要請があり、しかも国立大学予算・法規担当というポストまで指定してきた。

私は、最初は、その人物を見ていなかったこともあり慎重だったが、佐野局長と二、三回話し合ううち、局長の眼力を信用して受け入れることにした。ところが、その話が大学課内に伝わるや大騒ぎとなった。

佐藤禎ちゃんを筆頭に四人程度いた課長補佐が私を取り囲み、「女性では、このポストはとても務まらない。この人事は撤回してほしい」と、かつての仙台の宮城県教組との団交のような雰囲気になってしまった。

私は「これからの時世は、おそらく本当に男女平等になっていくだろう。遠山（敦子）さんの例もある。まず、やらせてみること、駄目なときは第二の手段を考える。佐野局長からの強い要請もあるが、これは私の決定だ。駄目なときの善後策は考える」ということで、渋々ながら彼らの納得を得ることができた。

もちろん板東さんは、そのポストの仕事に十分堪え、その後も著しく成長し、遠山さんに続く文部省女性の顔になった。禎ちゃんもさらに成長を遂げ、事務次官からユネスコ大使、東博館長などを経て、今や重厚にして円熟という状況にある。もう私でさえ「禎ちゃん」などと気楽には呼べない。今後とも、文部科学省関係の重鎮として、後輩たちの相談に乗るなど、もう一肌抜いでほしいものである。

次官人事のルールは変えられないのか
——小野元之くん（第六十四代事務次官）
佐々木正峰くん（文化庁長官）

各省の事務次官は同一年次から一人就任すると同年次の者は全て他のポストに退く。これが一種各省共通のルールとしてほぼ定着している。これはこれなりにかなり有効なあるいは有益な仕組みであり、これまで各省で活用されてきたのは理解できる。

ただしこのルールでは攻め切れない場合も当然に存在する。ここに取り上げた小野くんと佐々木くんの場合、同じ文部省四十三年（一九六八年）組のキャリアだったが二人とも私が教育助成局長だった頃の働き盛りの配下だった。小野くんは端正で、剣道で言えば正統派の流れに沿って正面から動くタイプ。北九州市でいろいろ課題があったとき、教育長として候補に名が挙がり本人に意

小野元之（おの・もとゆき）

昭和十九年生、京大法卒（岡山県）

○昭和四十三年四月初中局高等学校教育課、総務課審議班、管理局振興課、企画調整課、五十二年六月徳島県教委管理課長、五十四年七月体育局学校給食課補佐、企画調整課補佐、総務課副長、六十年七月北九州市教育長、六十三年地方課長、総務課長、文化庁次長、平成九年七月官房長、十二年第六十四代文部事務次官、十三年初代文部科学事務次官

向を確かめたとき、少し青ざめたがキッパリと「行きます」と返事をし、赴任先で頑張りをみせ、一まわり大きくなって文部省に戻ってきた。

佐々木くんは野に隠れた術者のごとく外見は目立たないが、自信に溢れた自己流の剣をふるってしぶとい。何十年も私が宿題としてきた教員の初任者研修制度を加戸守行くん（前述）を助けて実施にこぎつけた力もある。この二人がいよいよ次官ポスト争いという年代になったとき、私は彼らの上役だった某くんに「あの二人、これからどう扱うつもりか」と尋ねたことがある。そのときの彼の答えも「本当に甲乙つけ難く、これからの捌きには困っています。」との答えだったが、結局小野次官、佐々木文化庁長官という振り分けに終わった。

こんな例をみると同期からは次官は一人というルールもたまには例外があってもいいようにも思えるが、これ以上何かを書くとさしさわりがあるかもしれないので、老兵はここで、筆を擱く。

佐々木正峰（ささき・まさみね）

昭和十六年生、東大法卒（東京都）

○昭和四十三年四月技術教育課、著作権課、総務課審議班、地方課、五十二年四月香川県教委義務教育課長、同総務課長、五十五年六月幼稚園教育課補佐、教科書管理課補佐、教科書検定課補佐、地方課補佐、教育助成局企画官、六十一年教育助成局教職員課長、会計課長、私学部長、平成八年一月体育局長、高等教育局長、十二年六月文化庁長官

第四章
いわゆるノンキャリ組についての思い出

昔の高文組（高等文官試験合格者たち）などは入省早々からしかるべき職位を与えられたそうだが、私の文部省入省時は、新しい公務員制度の進行役である人事課勤務だった故もあろうか、逆に当時まだ残っていた給仕さんよりも下の最末席に座り、早めに出勤し雑巾がけやらお茶汲みまでやった。大学局庶務課へ配置換となっても法規企画係長であるはずの私の仕事も、机の配置も、全くバラバラで、誰が部下かもはっきりしていなかった。こういう中で、私は在外研究員や内地研究員派遣の仕事、大学や学部学科の設置認可など担当外の仕事から、庶務係のやる給与配分（当時は、毎月の給与は会計から総額で受け取ってきた現金を、各人の名前の入った給与袋に分け入れるという作業であった。）の手伝いまで、課内の仕事は何でも手伝った。もちろん、別記した「大学管理運営改善協議会」の仕事をこなしながらも……である。このような仕事振りの中から、いわゆるノンキャリの皆さんと私との交友関係が自然に育まれたのだと思う。この当時の友人たちの中からは、かなりの数の人々が国立大学等の部課長から事務局長にまで栄進したし、途中段階では少ないながら本省課長を経験した人もいる。今回の交友録を綴ったのも、こういうよい仲間がいたことを書き残しておきたいという気持ちがかなりの部分を占めていたのだが、残念ながら友人たちの数は多く、このために割けるページ数には限度もある。「あの友この友」と思いながら「忘れたわけじゃないんだぜ」「勘弁してくれよな」という書き切れなかった多くの友人たちに詫びる思いで一杯である。

◆　◆　◆

予算の師匠だった「バッテンさん」

——長崎憲之さん（後に筑波大学事務局長）

長崎姓の方にはよく長崎県地方の訛から来ているのだろうが「バッテンさん」という仇名がつく。長崎憲之さんは当時大学学術局庶務課の課長補佐で蒲生芳郎課長（後に社会教育局長）をよく支え（というより、「おんぶ」していたという方が事実に近いかもしれない）、局全体の運営に当たっておられたが私の目から見ても大学学術局の大番頭という力量の方だった。私が人事課からの配置換で大学学術局庶務課へ移籍すると、間もないうちに「アベちゃん、国立大学を幾つか見学したか。何、一度もない、それじゃ仕事にならない。すぐ出張して勉強して来い。」と幾つか用務を作って出張させてくれるような配慮を示してくれたし「法規関係はアベちゃんの専門だから俺に教えてくれ、その代わり予算関係は経験がないだろうから俺が手解きをしてやる」といつも言っては私を育ててくれた。前の方で説明した「大学管理運営改善協議会」設置の予算要求の場合も所々で「バッテンさん」の指導を仰いだのは言うまでもない。

その代わりというわけではないが「池正事件」というのが起こった。池正事件とは池田正之輔科学技術庁長官（国務大臣）が科学技術者不足の原因を私学の工学系学科の新増設や学生定員の増加について、文部省が文部大臣の認可を必要とし、厳しい審査を行っていることに原因があるとし「この認可制度には根拠がないから廃止すべきだ」と注文をつけてきた件である。池田長官はまず文部省のしかるべき者に説明を求めてきたが当時の大学局長や担当の蒲生庶務課長は消極的でなかなか説明に赴こうとしなかった。

そこで長崎さんが、「私が説明に行きましょう。」と名乗り出て私に「アベちゃん、説明用の資料を作ってくれ」とのご依頼。私はかねてよりこの問題は調べてあったので早速①大学や学部の創設には文部大臣の認可が必要なことは学校教育法に明記されている。②この認可という行政行為に条件を附することができるのは法学界の常識③したがって大学・学部の創設認可について附した「爾後、学科増設、学生定員増等の行為を行うときは文部大臣の認可を受くべし」との条件は当然に有効との説明用メモに田中二郎教授の著作の抜粋などを付けたりして長崎さんに渡した。長崎さんはこのメモを持って科学技術庁の長官室に赴き、長官と話し合い、最後は笑って握手して戻ってきた。そもそも一介の課長補佐が国務大

長崎憲之（ながさき・のりゆき）
○大学学術局庶務課補佐、東大庶務部長、岡山大事務局長、筑波大事務局長
昭和六十三年、七十四歳で逝去

臣である他庁の長官と直接論議し笑って別れてくるなどとは普通の役人にはなかなかできないこと。長崎さんの大物ぶりはここにも出ていた。（もっともこの問題はあとを引き後に法改正にもつながったが、そのあたりはすでに私の手を離れていたのでよくは知らない。）

長崎さんは体も大きく太ってもいたが山歩きは得意で、しばしば課内から同行を募り丹沢あたりをハイキングした。「長崎教室」と称していつも先頭、ゆっくりとしたペースだが大股で歩行のスピードは遅くはなかった。

私にとっては予算の師匠だけでなく山歩きの師匠でもあった。

猫と寄席とグライダー‥三題噺
――岡田修一さん（後に埼玉大学事務局長）

大学学術局庶務課時代に一番親しかったのは「修ちゃん」こと岡田修一さんだろう。私が身長一六二センチと小柄なのに対し彼は一七四センチくらい、当時としてはかなりヒョロ長い方だった。人柄は優しくて出しゃばらず私より十歳くらい年長だったが、すぐに「修ちゃん」「アベちゃん」と呼び合う仲になった。

酒好きではあるがほどほどで酔っぱらうこともなく、青年時代に多分信州野辺山あたりで受けたグライダーの訓練が忘れられないのだろう、「記録を目指す若人乗せて、揚がるソアラー、雲から雲へ……」という歌をいつも聞かされて私まで覚えてしまった。後年秋田大学の事務局長になったとき、多分八郎潟あたりだろう、学生たちのグライダーにまぎれ込んで何十年ぶりかで操縦したと目を輝かせて何度も聞かされたので、よっぽど「白髪頭で年寄りの冷水だ。もう止めておけ。」と言いたかったが、とてもそんな冗談が口に出ないくらい彼は喜んでいた。

次は寄席のことである。彼がまだ給仕さんだった頃、彼は寄席が大好きで、落語、小話は元より都都逸、小唄、端唄など聞きによく通ったとのことだった。呑み屋などで「何か一つ」と注文すると、気軽に「臭うか」などを小声でやってくれた。

そして三題目は「猫」の話、新橋あたりで射的などに興じながら呑み歩いているとつい遅くなる。彼の家は船橋で当時は交通の便もよくないので高田馬場に私が借りている都営住宅へときどき誘った。あるときわが家へ誘い、寝酒を一杯ずつやってフトンを並べて寝たところ、わが家の雌猫が修ちゃんのフトンに入り込んで寝たようだった。そして一〜二週間後だったか五〜六匹の子猫を生んだ。私は冗談で「どうも日数を数えるとうちの子猫は修ちゃんの子らしい。引き取ってくれないか」と言い出し、修ちゃんが否定して庶務課中が大笑いとなっていた。すると小林行雄局長（第四十五代事務次官）までが「なんだ、なんだ」と顔を出し、とうとう私の家まで猫を見に来ることになって小林局長の車などに分乗して数名の客がわが家を訪れたのである。その後子猫たちは「小林局長にご謁見いただいた猫」として皆良縁に恵まれ、一匹も捨てることなく各方面へもらわれていった。

岡田修一（おかだ・しゅういち）

大正十五年生、早稲田高等工学校中退（新潟県）

○昭和十三年文部省、十八年体育局、十九年兵役、二十七年大学学術局学生課、二十八年庶務課、三十五年庶務課総務係長、三十七年四月福島大学、大阪外大、東京国立近代美術館、分子科研管理部長、五十五年四月東大医科研事務部長、秋田大事務局長、埼玉大事務局長

酒で変身するので手こずった「友」
──友崎貢さん（後に福岡教育大学事務局長）

「修ちゃん」と来れば次は必ず「友さん」こと友崎貢さんの登場となる。「友さん」は「修ちゃん」とほぼ同年輩だったが体は私よりもっと小さく真面目一方で特段の芸もなく初めは酒もほとんど呑まず、大学の新増設の認可を担当する私学などにとっては恐がられる立場の係長だったが、穏やかで威張るような素振りもなく私は「友さんはその名のとおりよい人だな」と感じていた。

これが急変するのは一～二週間後だったか私の歓迎会のときである。場所は虎ノ門の「ミッチャン・ホール」。確か正式には「駿河屋」とか言ったと思うが、かなり大きい古い木造の呑み屋で座敷の床はボコボコ、いつ抜けるかという感じ、多分間もなく閉店予定ではないかと感じられた。蒲生課長は他に用事があったのかかなり遅れて出席されたので、それまで出席者は各自適当にコップ酒を呑んでいたが皆ある程度アルコールがまわっていたのは間違いない。課長が見えて一応乾杯をし若干経ったとき、蒲生さんが突然「今日は、ちょっと……」と言って立ち上がり帰ろうとされた。多分部屋の汚さにへきえきされたのだろう。ところが、これまた突然、友さんが立ち上がり蒲生さんに絡み付いて押し倒そうとした。「今日はアベちゃんの歓迎会じゃないですか、課長は帰っちゃダメだ」などと喚きながら……である。

まわりから二〜三の者が近づいて友さんを引き離し蒲生課長にはそのままお帰りいただいたが、全員が唖然としていた。

その後別の日に課内の人たちや本人にもいろいろ尋ねてみたところ、驚くべきことに友さんはそれまで酒を呑んだことがほとんどなく大勢の人たちとの酒席は初めてだったとのこと、自分のしたことは覚えていないことが分かった。

それからがまたいけない。われわれ周囲の者は「これからは友さんのいるところでの酒には気を付けよう。」という暗黙の了解ができてしまったのに友さん本人は逆にこの経験をきっかけに酒に目覚めてしまったらしく、課内にもらい物の酒などがあると自分の方から「呑もう、呑もう」とまわりに誘いかけるようになったのである。前述のごとく私と修ちゃんは時折、新橋あたりの呑み屋に入っていたのだが、その情報を耳にすることがあると「なぜ俺を誘わなかった」と一応文句を付けてきた。酒を呑むと乱れるという自分の癖を知ったらしく、また家を新築した経済的負担もあったのだろう。それ以上はしつこくはなかった。

友さんは小林行雄さんには結構信用があり小林事務次官のときは次官の秘書にも登用されたくらいで、もちろんそれなりの自尊心もあったが、何かというと最初の事件は忘れられていたとしても、飲酒時の乱れが省内に伝わっているらしく私は応援に苦労した。そろそろ国立大学の事務局長への昇任があるかという年代のとき、多分井内官房長（後に第五十二代事務次官）のときだと思うが、私が友崎応援団と見做されて官房長に呼ばれ「アベちゃんは本当に友崎に大学の事務局長が務まると思うのか」と問い詰められたので、私は「大丈夫です。私が保証人になります。何か彼に処理し切れない問題が出たときは私が白馬で現地に駆け付けて処理します。」と答えた。この話は本人は知らない。ここに書くのが初めてである。

友崎貢（ともさき・みつぐ）

大正十四年生、早大第二政経卒（長野県）

○昭和十八年松本高校、二十五年日本学術会議図書室、同管理局、二十七年庶務課、三十三年同大学設置審議係長、総務課庶務班、三十七年一月庶務課企画係長、同総務係長、四十年四月東京医科歯科大庶務課長、四十三年四月管理局福利課補佐、四十九年四月国立近代美術館庶務課長、福岡教育大事務局長

大学局庶務課と誠之会

——大岩外三くん（後に東京水産大学事務局長）

これまでもところどころに大学学術局庶務課の名を持ち出してきたが、私はこの課と特に縁が深い。昭和三十三年（一九五八年）に平職員で人事課からこの課へ配置換になったのがご縁の初めでそのまま法規企画係長、宮城県出向から戻って来て若干間はあったが課長補佐、さらに二〜三の課長などを経て高等教育計画課長（庶務課長から名称変更）と四つの肩書をこなし、さらに大学局審議官となり、さらには高等教育局長ともなってこの課の課員ではないが課員扱いをされてきた。もちろん人間関係も深い。

その頃のある日、多分大岩くんが先頭だったと思うが歴代この課の総務係長だったメンバー五〜六人くらいが私を訪れて来た。彼らの話によれば、それまで初代係長の池田国男さん以下歴代の総務係長の経験者が年一回集まって「縦一列の会」と俗称し先輩後輩の交友関係を深めてきたが、この辺でもう少し固い会合とし、会長を決め会の名称を決めて後代に続けていきたい。ついては私に会長をお願いしたいとなった。もちろん私は総務係長の経験者でもないし固辞し続けたのだが、何しろ縁が深すぎる。私の目の前で頑張っている大岩外三くんは、庶務課総務係長の初代だった池田国男さんが名古屋工業大学の会計課長として赴任したとき発見した逸材で、「本省に入れてくれないか」と私に推薦してきた人間で、そのとき私は「その大岩くんは野球はできるか」「できる。キャッチャーだ」「それじゃ協力しようか」との冗談まじりのやりとりの後、大学課への転籍（本省入り）を、あっせんをした男である。

結局いろいろキャッチボールの後、縦一列の会の方は名誉会長なら引き受けることとなり、会の名称も私の母校である文京区の誠之小学校の名をとり誠之会と名付け、「誠を貫く」ことをモットーとしてテレホンカードまで作ったのである。あれから四十年にもなろうか、現在の若い人たちにまでは趣旨は伝わっていないだろうが（ここ二～三回コロナのため中止となっているようだが）会合そのものは今も続いているはずである。

大岩外三（おおいわ・そとみ）

昭和十二年生、名城大法卒（岐阜県）

○昭和三十一年六月名古屋工大、三十六年六月大学局大学課、四十五年四月同庶務係長、同庶務課総務係長、四十七年五月同高等教育計画課総務係長、五十一年四月京都教育大会計課長、五十三年四月大臣秘書官事務取扱、五十六年四月学際局国際教育文化課補佐、六十三年一月金沢大経理部長、九州工業大事務局長、東京水産大事務局長

技術教育課とアベ学校

――加藤義行くん（後に広島大学事務局長）

先にも述べたように私は宮城県への出向の後、本省の大学学術局技術教育課の課長補佐に戻り先任の柳川覚治さんと並んで座ったが、一か月と経たないうちに柳川さんが課長クラスに昇任、その後任には柳川さんとほぼ同じ年代の山本研一さんが着任された。山本さんは多分、早稲田の出身、一時は大学課にもおられたと記憶しているが、非常に穏和な目立たない方でいつの間にか課内の職員の多くが私の周囲に集まるようになった。わずか二年ほど私が留守をしたのだが大学学術局も技術教育課もかなり人が変わり雰囲気も変わっていた。そこへ柳川さんの昇格もあり一時はどうなるかと思ったが、私なりに課内全体の体制を固めるため思い切った手を打った。

まず課内の中心だった係長の某（名を忘れた。）くんの死亡という予期しないことが起こったため、文化財保護委員会の方からかねて死んだ某くんの親友だったと言われる、東北大出身、県の上級職資格も持つ芳賀勝義くんという有能な人物を引き抜き、さらにインド語専門のため調査課でくすぶっていると言われた栗岡勝彦くんを引き抜き、蚕糸関係学科の整理問題のため農工大の助手（現在の助教）だった長谷川寛くんを誘うなどして体制を固めた。特筆すべきは加戸守行くんの異動後、彼と非常にまぎらわしい名前だった加藤義行くんを重用し、一人前に仕立て上げたことである。この加藤くんはまだ係長にも達しない、平職員だったが、時々一人だけ残して概算要求案作りを手伝わせるなどしたところ急速にその能力を伸ばし私の右腕になってくれた。蚕専門の長谷川くんだけが十歳くらい若かったが、他は皆、私と同年輩、大酒呑みも並程度の者もおり長谷川くんのように一滴も呑めない者もいたがその長谷川くんはもっぱらマイカーでわれわれの運転手をやってくれ、よく酒呑みにも付き合ってくれた。

このグループは「技術教育課のアベ学校」と呼ばれるようになり少し金があるときは亀清（うなぎ屋）に上がり込んで、うなぎではなく一番安い鍋物を頼んで酒を呑んだ。大女将も若女将も時々売り物でない自家製の漬け物などを差し入れたりしてわれわれを可愛がってくれた。

もちろんこのグループも数年経つとそれぞれ地方の国立大学等へ管理職となって赴任するためだんだんにバラ

加藤義行（かとう・よしゆき）

昭和十年生、札幌短期大学卒（北海道）

○昭和三十年四月小樽商科大学、三十五年七月大学学術局技術教育課、同短期大学係長、同高等専門学校係長、四十六年五月同庶務係長、同技術教育係長、研究助成課補佐、五十七年四月放送大学学園会計課長、大学入試センター事業部長、六十三年四月京大庶務部長、広島大事務局長

けて行ったが結束は崩れず各人の赴任先まで押しかけて会合を持つなどして親睦は続いた。海水浴に行けば高校時代の野球選手だった加藤くんが全然泳げなくて浜辺で皆の荷物番をしていたとか、逆に宮城県塩釜の出身だった芳賀くんが酔ったまま海へ飛び込んで戻らず泳げる者が全員救出に向かったとか、誰かがお中元にもらったYシャツを有効活用しようと持ち込んで来たので、デパートで肉に変え「Yシャツのすき焼きだ」と喜んで食べたとか思い出は尽きないが、老いと病には勝てず今は私と栗岡くんが残るのみである。

二度も私の支え役…三度目はなかった
――諸橋輝雄くん（高等教育局長秘書、後に岡山大学事務局長）

諸橋くんは、皇宮警察官という別世界から人生途中で文部省に飛び込んで来たという変わり種で、私との最初の出会いは大学局高等教育計画課長（旧庶務課長）である私の下で課の総務係長として、二度目は私が高等教育局長（旧大学局長）のとき同じ課の課長補佐として実質的に私の補佐役を勤めてくれた。

警察サイドからの転向の理由は敢えて問い詰めたことはなかったが結果としてよく当てはまっていたと思わせるくらい一般行政も有能に適切な処理をしてくれたし、均整の取れたしっかりした体で剣道五段、ゴルフは飛ばし屋、気は優しくて女性職員にも信頼があった。たとえば私が局長、遠山敦子さん（後の文部科学大臣）が担当課長という組み合わせのとき三人で錦糸町方面の下町らしい気の置けないはまぐり焼の店へ行ったが、小上がりに一度座るとすぐに彼は遠山課長に「席を替わりましょう。」と言った。私は気が付かなかったが、最初に座った座席では遠山さんの視野に入るあたりにマムシの焼酎漬けの瓶が置いてあったのである。そういう気遣いもある人物だった。

私は局長に昇任したばかりのときから自分の退任のことを考え、歴代の上司に退任の申し出をしていたが、なかなか取り上げてもらえなかった。そして局長稼業六年ともなり、昭和六十三年（一九八八年）、多分夏頃の幹部級の人事異動においては必ず勇退させていただくとの決意を固めていたので、通算すれば数年にもなる諸橋くんを四月の一般の定期的異動では私の手元から離し彼の実力を十分に生かせるポストに昇任させてやろうと考え、人事課サイドとも相談しある程度の見当をつけた上で本人に話したところ、諸橋くんは頑として私の言うことを承諾せず「私はこの六月に阿部局長が次官に就任されるとき、次官の荷物をかついで次官室まで行き次官秘書の席に座るつもりです。」の一本槍で何と言っても「諾」の返事はない。

私は彼の気持ちは涙が出るほど嬉しかったが「今まで私は何年も自分の勇退について公言して来た。これは変えられない。君には大変お世話になった。だから俺の眼の黒いうちに、俺の手で君を昇任させてやりたい」と、二〜三日かかったろうか、納得させてやっと四月の人事に載せた。だが皮肉なことに第一部に書いたような事情で結局次官を受けざるを得ない結果となり、諸橋くんを騙したようなことになって彼には本当に申し訳なかったと思っている。それにしても諸橋くんはその後国立大学協会の事務方の中でも重要な存在となり存分にその能力をふるってくれたのは関係者のよく知るところである。

彼がたびたび歌っていた「霧の摩周湖」は私の好きな持ち歌の一つでもあり、今でも独りで酒を呑んだときには風呂の中で「霧にだかれて　しずかに眠る……」と口ずさんでいる。

　六十代くらいで奇病のためにこの世を去るには本当に惜しい男だった。

諸橋輝雄（もろはし・てるお）
昭和十六年生、中央大法卒（新潟県）
○昭和三十五年九月皇宮護衛官、三十八年四月大学学術局学術課、学生課、大学課、五十一年四月高等教育計画課総務係長、五十四年四月北海道教育大庶務課長、五十六年高等教育局学生課補佐、高等教育局企画課補佐、六十三年四月大学入試センター事業部長、香川大事務局長、岡山大事務局長、国立大学協会事務局長

着実・堅実の標本のような男
――角地敏弘くん（事務次官秘書、後に熊本大学事務局長）

諸橋くんのことを書けば私の想いはすぐ角地敏弘くんに及ぶ。角地くんは大学局庶務課では総務係長のポストにたまたま就けなかったため、先述の誠之会（庶務課総務係長の会）には入会できず口惜しい思いをしていたらしく、後に聞いたところでは彼が係長だった内地研究員派遣事業などを担当する学術奨励係に関係した者を集めて、いっとき会合も開いたようだが総務係長組に対抗できるような勢力にはならず、酒も得意でないメンバーのため間もなく自然解散してしまったようで気の毒な思いをした。

それはさておき、私が周囲のお膳立てにより、大臣の直命ということで次官を引き受けざるを得なくなったときすぐに困ったのは次官秘書を誰にするかという諸橋くんが予想したとおりの事態となったことである。

私の人事が内定したとき人事課の担当者が早速数枚のメモを持って私のところへ飛び込んで来て「秘書は誰にしますか」との質問、弱ったなと考えたのも束の間、さし出されたメモをちらりとみただけで「そうだ。角地がいたんだ、角地くんでいこう。」と速断した。

一言で言えば角地くんは諸橋くんと正反対のタイプ、派手に目立つことはなく着実、堅実、まず失敗など考えられない、いつも公式な会議やパーティーのときなどでも常に私と目が合う位置にいて何か用事があればすぐに役に立てるようにという心遣いがはっきりしていた。

何かで疲れて一杯呑みたくなったときも、行きつけの新宿の小さいバーへ誘うと自分は呑めないのに必ず付いて来てほんの一口付き合うだけ、静かに隣で私の様子を気遣っていた。

しかし、たとえば私が昼食時に虎ノ門近辺で立ち食いソバなどを食べていると、不思議にどこからか情報が入るらしく「次官、今日のお昼は立ち食いソバだったようですね、あまり目立ちすぎるのも気になりますから、お気を付けください。」と叱言を言われる。「うん、うん」と聞きながらも内心で「何言ってやがる。立ち食いソバがなぜ悪い。」などと反発する私は、その翌日はわざわざタクシーの往復で銀座まで立ち食いソバを食いに行き、「今日の昼飯は高くついた」などと角地秘書に嫌みを言った。本当は前日の角地くんの叱言は嬉しく聞いていたのだが、何かと逆ってみたい、私のやんちゃ気質が出ていることなど角地くんはよく分かってくれていたと思う。

私はよくノンキャリの皆さんと呑む機会はあったが角地くんは盃に一杯程度の組なので私が

退任し彼が国立大学の要職に進んだ後はほとんど同席の機会がなく淋しく思っていたが、あるとき、虎ノ門でバッたり出会い、「君にあれだけ支えてもらって、本当に助かったよ」と声をかけると「いや、私こそ次官の秘書をやらせていただいてその経歴だけでどのポストへ移っても大切にされました。阿部次官のおかげです。」と言ってもらい、私も少し気が楽になった。

彼はまた、退職後あまり間もないうちに病気になり、伝え聞いた私が慌てて新宿の東京医大病院に駆け付けたときは、眼も衰えていたようで、淋しい姿になっていた。私が彼の肩を抱えて「もう一回、もう一回、元気になって新宿あたりのカウンターで肩を並べよう」というと「はい、はい」と小声の返事が戻るだけだった。

それにしてもなぜ神様は俺だけ残してこういうよい男たちを先に逝かせるのか——天を恨む気持ちにさえなった。

角地敏弘（かくち・としひろ）

昭和十八年生、北海学園大法卒（北海道）

○昭和三十六年四月北海道学芸大旭川分校、四十五年六月大学学術局学生課、高等教育計画課、人事課任用班、五十八年大阪大学庶務部人事課長、六十一年大臣官房調査統計課補佐、六十三年六月同総務課補佐、平成九年四月大阪教育大事務局長、十二年四月熊本大事務局長

親父か、兄貴みたいな存在だった
——村上虎太さん（後に九州大学事務局長）

私が人事課に入省したとき、村上さんは確か私より二十余歳も年長で人事課給与班所属、身長は私とあまり変わりはないがやや小太り、にもかかわらず運動神経には優れていて、当時、文部省にあった中庭で、バスケットボールに興じ軽やかに動いていた——ように記憶している。そのときは顔を見知った程度だったが私の二度目の人事課勤めの際には給与班主査から同じ人事課内の総務班主査に転じ課内全体の調整役となっていた。そこへ私は人事課副長として課長に次ぐ立場に置かれたのである。

ここで彼を仇名の「虎さん」に戻そう。虎さんはかなり年下の私を軽んずることもなく、副長、副長とたててくれたし私ばかりでなく課の職員についても叱っている姿を見たこともない。よい親父さんであり、よい兄貴分だった。当時人事課長室は多分、機密保持のためだろう。廊下沿いのドアは閉め切りで総務班主査の隣につながるドアからの出入りとなっていたため、諸澤人事課長と顔を合わせる機会が格段に多くいわばいつも叱られ役だったが決して逃げることはなくいつも正面から謝っていた。

何の件だか忘れたが、虎さんがある日、諸澤課長に呼ばれ入室すると「すぐ医科歯科大の病院へ行け」とのご指示、本人はビックリして「何の用事でしょうか」とお伺いを立てたら「お前の脳味噌を入れ替えてもらってこい」とのこと。それ以前にも諸澤さんが癇癪を起こされたときの言行録はいろいろあり、「富士山へ電報を打て」(休暇を認められて富士登山中の部下に急用ができたときの話)が一番有名だったが、この「脳味噌入れ替え」の件も諸澤言行録の第二位を占めるくらいの有名な話になった。

それはさておき、当時はまだ酒の席では余興に裸踊りなどが出る時世であり、ある日、どこか私は初めての小さいバーで水割りを呑んでいるとき、諸澤さんから「虎さん、あれをやれよ」とお声がかかった。私の知らないことなので何事かと思っていると、虎さんがいよいよ困ったような顔になり「副長、どうしたらいいでしょうか。」と私に助けを求めて来た。それでやっと私も意味に気付き「他にもお客さんがおられるようだし今夜は免除ということで……」と課長にとりなして止めさせたことなどもある。

その後、幾年も経てからのことだが、虎さんは、その人柄と安定感が認められて九州大学の事務局長にまで栄進し、定年退職で故郷の福岡県太宰府市に隠棲された。あるとき私に相談したいことがあると上京されたので話を聞くと、「太宰府市で市長選があり友人が立候補することになったが、当選したら市の三役に迎えるから協力してくれと頼まれて悩んでいる」とのこと、私は一義に及ばず「虎さん、それは止めておいた方がいい。現地の状況は知らないけれど、ああいう古い町には昔ながらの家どうしの関係、人々のしがらみなどが大きいだろう。その友人は多分虎さんの経歴、人気などを当てにしているだろうが、勝っても負けても痼が残ってしまう。俺は虎さんに残りの人生を安楽に過ごしてほしいんだ。」「中立が最善の途だよ。」と忠告。虎さんはうなずいて帰って行った。

結局、虎さんは中立を守り友人は落選した。その報告を手紙で寄越した虎さんは「副長（この年になっても虎さんは私のことを若年時の役職で『副長』と呼んでいた。）の言われたとおりにしてよかった。」と述べていた。

私が東京国立博物館の館長になったとき、太宰府にある九州国立博物館に用事があり私は虎さんに会いたさに

村上虎太（むらかみ・とらた）
大正十年生、立正大文卒（福岡県）
○昭和十六年公立学校教員、二十二年官房適格審査室、人事課、同福祉班、同給与班、三十六年四月富山大庶務課長、東京学芸大庶務課長、四十二年四月官房人事課総務班主査、四十六年四月東京医科歯科大学庶務部長、五十年四月福岡教育大事務局長、九州大事務局長

福岡へ飛んだ。意外に用事が長びき飛行機の時間が迫って来たので私は虎さんに「一目だけでも会いたい。隠居所の近くを通るから道路に出ていてくれ」と連絡。虎さんは百メートル近くもあったろうか、広い通りに出て待っていてくれた。無意識に抱き合ったとき私は虎さんの顔に涙をみた。と同時に自分の涙にも気が付いた。結局彼の隠居部屋に立ち寄り囲炉裏端で彼の呑みかけの酒を、一升瓶からコップに半分もらいグッと呑み干して座を立った。実父の死んだときでも泣かなかった私だが虎さんとの別れには、泣いた。

呼び出せばすぐ来る、冗談好きな仕事師

——荻原博達さん（人事課総務班主査、後に千葉大学事務局長）

荻原博達さんは、私より十歳くらい年長、私が入省した頃は総務課審議班の法令審査を担当しておられたと思う。生来は陽気なタイプでいつも冗談を飛ばしながら条文の審査に当たっており、「荻さん、荻さん」と親しまれていたが、審査そのものは厳しく、赤ペンを握ったらたちまち法律案などが真っ赤になるくらい修正を入れてきた。ノンキャリだったと思うが審査にかけてはキャリアたちよりもはるかに厳正だったと思う。

私が人事課副長だったとき、多分体育局なども経験した上で人事課給与班の主査として配置換されて一緒になり、親しく付き合うようになったのだが、私が「審査班におられた頃にはいろいろお世話になりました」と言うとたちまち話に乗ってきて「副長たち昭和三十年入省組の人たちのことはよく知っています。何なら皆さんで謝恩会ということで私を招待してくれませんか。」と来る。これが荻原流だった。

諸澤人事課長も、私も、彼のこういう遠慮のないところが好きで、何かというと彼を呼びだ

しては小さなスナックなどで楽しんだものだった。（ちなみに、この「謝恩会」の件は賛同者が少なく成立しなかった。）

この、荻原さんの所在を探し、呼び出しては酒の席に引き込むということは何回もやった覚えがある。主謀者は諸澤人事課長で、あるときは人事にかこつけて、あるときは広島にいながら電話では新宿あたりにいるような振りをして、親しい仲だからできる、おふざけもたびたびあった。

荻原さんはお婿さんだったらしく下宿先のお嬢さんと結婚されたので戸籍上の姓も正式には荻原ではないと聞いていたが、公務員として最後まで荻原姓で過ごされた。法令上どんな仕掛けになっていたのか恥ずかしながら私は知らない。奥さんは大変な美人で春の桜の頃になると給与班の部下たちを井の頭公園に招き、帰りは吉祥寺の自宅で奥さんの手料理でもてなすことなどを耳にして、荻原さんには過ぎた奥さんだ、と思い込んでいたものだ。

荻さんが亡くなられたとき、用務で葬儀にも出られなかったため翌年の一周忌だったと思うが出席し初めて奥さんにもお目にかかったが、多分九十歳くらいになっておられたろう、あまりの美しさに驚いた。それが頭に残っていたためその翌年あたり私が文部省ＯＢ会の会長を仰せ付かったとき、今後はＯＢ会には配偶者同伴ないしは未亡人とかそういう方々のご出席も奨めるようにしたらと思い付き、人事課グループの万年幹事的存在だった込山進くん（後に学校保健課長、九州大学事務局長）とも相談して荻原未亡人への年賀状にもその旨を書き送ったところ、あまりにも非道い偶然だがその賀状が着いたであろう元日の翌一月二日、この構想の推進役に予定していた込山くんの急死の情報が入った。私は茫然として、気力を失い折角の構想も中止せざるを得なかった。

それにしても荻さんは諸澤元次官が話し相手としていつも何かと理屈をつけては呼び出していた相手。確か諸澤さんが亡くなられたときもその翌日あたりに荻さん自身が亡くなられたこともあって、何とも言い難い気分に落ち込んだのであった。

荻原博達（おぎわら・ひろたつ）

大正十三年生、中大経卒（栃木県）

○昭和十七年五月文書課、二十四年六月総務課、三十一年四月官房審議班、三十四年九月愛媛大庶務課長、三十七年四月体育課補佐、社会教育課補佐、四十一年八月官房人事課総務班主査、同給与班主査、五十一年四月東大庶務部長、五十三年六月官房企画官、五十四年七月福利課長、千葉大事務局長、日本育英会理事

諸澤元次官とともに過ごした半世紀
——込山進くん（学校保健課長、後に九州大学事務局長）

込山進くんは通称「コミさん」、私と同年配だったと思う。恐らく諸澤正道人事課長（後に第五十三代事務次官、国立科学博物館長）が体育局あたりから連れてこられた人材の一人でノンキャリながら本省の学校保健課長に抜擢され後には九州大学の事務局長を務めるなど、非常に有能な人材であったことには間違いない。

コミさんは人事課総務班の総務係長として前述の村上虎さんの下で八十余名に及ぶ大きな課のまとめ役だったが、なにより課員の気持ちを取りまとめるのが上手で誰からも好かれるタイプだった。かなり乱れた酒の席でも彼はこのあたりでそろそろ……と見定めると自分から歌い始め、一同が合唱となると自然解散に持ち込む、機をみること敏なタイプでもあった。

諸澤課長の信頼を背負いポストはたびたび離ればなれになっても秘書的な存在であることは変わらず、諸澤さんが公職を退いて水戸の諸澤家系統で創設された常磐大学理事長となってからも常務理事兼事務局長としてその大学経営を助けていた。

私も諸澤さんを単なる先輩としてではなく師とも仰ぐような立場だったので三人一緒の行動も多く、特にゴルフについては諸澤さんに無理矢理に誘い込まれて込山くんと二人同年同月同日、水戸の和尚塚カントリークラブで筆おろしをさせられたものである。諸澤さんはゴルフの先達としてはあまり上手ではなく、結局私も同じくらいでその後も五十前後がやっとでまわっていたが、込山くんはこの面でも有能でわれわれははるかに置き去りにされた。

晩年諸澤さんが咽頭がんで発言が不自由になってからもたびたび寄り添って発声練習に協力していた姿は忘れられない。

諸澤さんが亡くなられた後、私たちは後述の「四五六会」などで毎月のように会っていたが、あるとき急に私にはあいさつもなく故郷山梨に転居、老人ホームに入居したと聞いて驚いた。さらに、間もなく追いかけるように亡くなられたとの情報が入りついに別れの言葉も交わせなかった。残念だった。

なお蛇足になるが、諸澤人事課長が初中局審議官に栄進され人事課を離れることになったとき、諸澤さんを慕

込山進（こみやま・すすむ）

昭和八年生、山梨県立農林高校卒（山梨県）

○昭和二十六年四月山梨大庶務課、三十四年六月官房人事課審査班、同給与班、同総務班庶務係長、四十八年四月東京学芸大庶務課長、五十年五月体育局学校保健課補佐、地方課補佐、財務課補佐、人事課給与班主査、六十二年四月体育局学校保健課長、六十三年六月官房福利課長、九州大事務局長（諸澤次官秘書）

う多数の部下たちが集まってコミさんを幹事として「正道会」なるグループを作ることにしたが結局これは一回だけで続かなかった。人事課関係としてはOBたちを中心とする「光風会」と現役課員たちの「花月会」の二つのグループがすでにありさらにこの他に「正道会」を新設するのは事実上無理だ、と自然に皆が納得したのだろうと思っている。

老兵たちの最後の止まり木となるのか
——佐藤三樹太郎さんと四五六会

文部省ＯＢたちの集まりは、正式なＯＢ会は別として、現役時代に知り合った同じ局課出身の気の合った人たちのグループで自然発生的に成立するのがほとんどである。

この中でやや異色だったのが、初中局財務課の重鎮だった佐藤三樹太郎さんを中心とするもの——昭和四年、五年、六年の三か年に出生した（違う年の人も混ざっていたようだが……）——で、一応、四五六会《シゴロ》と称し、佐藤さん（以下、「ミキさん」という。）の人柄に魅かれて省内各局課から自然に集まった人たちによるグループだった。

このようなグループの存在は私の耳にも入っていたし、前述の技術教育課のアベ学校の組とたまたま亀清の食堂で一緒になったこともあったが、互いにエールを交換した程度にとどまっていた。

それがミキさんが本省を退職し、東大の経理部長なども経て、財団法人文教協会に関係されたとき、私（当時、文部事務次官だった）の部屋に挨拶に来られて知己となったのだが、その後、ミキさんが亡くなられたとき、省内で慕われていたミキさんとついに盃を交わす機会もなかったことから、せめて線香だけでも……と通夜に出席した。そのとき別席で献杯しようと、四五六会組の数名に誘われたことから結局、四五六会の代表役まで押し付けられる羽目となったものである。

当時の四五六会は、人事課（以下、出身の局課を記す。）の安藤和夫さん、森島和次さん、初中局の山崎晟さん、大学局の友崎貢さん、巻島克之さん、調査局の赤塚孝雄さん等々であったが、私の入会後にはやや若い層として、人事課の込山進くん、渡辺弥くん、大学局の松本道雄くん、加藤義行くん、中原勇夫くん、石井稔くん、砂賀功くん、初中局の横澤義雄くん、北根康志くん等々が次々と加入、亡くなられた人、老化のため退会された人なども若干はいたが、若手（？）が幹事役として働いてくれたためもあり、毎月一回というかなり高いハードルも超えて、盛会が続いたのである。

私は、多分、ミキさんが狙っていたであろう「文部省全体として、有志が度々集い、老後も楽しく過ごそうではないか」という趣旨が、今、生きつつある——と喜んでいた。

ただ、人生山あり谷あり、逃れがたい老化、寿命、これは如何ともしがたく我々を襲ってくる。それに加えて、熱中症、コロナ（外国ではウクライナの悩み）等もあり、この四五六会も年々人数も減り、休会も余儀なくされている。

それにしても、またいつの日か、往時（とまでもいかなくても）の盛会を夢みて、四五六会が老兵たちの最後の止まり木となれる日を心待ちにしている。

最後に書き残った件を追加

この原稿を書き終えて読みかえしているうちに何人も何人もの人の名前が浮かんで来た。あまり多すぎてどうにもならない。「書き残した分です、追加します」では余りに失礼かもしれないが、そろそろボケが始まっている私の頭にいまだに残って引っかかっている人々を最後に何人か挙げさせてもらいたい。

まずは**田保橋彬**くんである。入試改革で共通一次を昭和五十四年度（一九七九年度）入試から実施する方針が決定され、昭和五十一年（一九七六年）一月大﨑仁くんの後任として大学課長に任命された私はまず五十二年度（一九七七年度）予算で必要経費を概算要求するとともに五十二年（一九七七年）五月には国立学校設置法の改正案を国会に提出、大学入試センターの設立が認められた。あとは必要な人員を配置し施設・設備を整え試験問題を印刷・保管、秘密を守りながら全国の会場に届けるなどの大量の業務が控えている。事の性質上、失敗は許されない。優れた能力と強い実行力を持った事業面でのリーダーが必要である。これがその時点での最大の悩みであった。そして私が選んだのは田保橋彬くん、学術国際局の課長補佐だったが何かの仕事（具体には今は忘れた。）で私の印象に残る仕事をした人物だがキャリアではない。

私はこの人事を学術局へ持ちかけた。本人の答はNO、学術局としてもNO、しかし私は執拗だった。そして最後には禁じ手を打った。「二〜三年後くらいになるか、この仕事がスムーズに動きはじめたら、君を必ず本省の課長ポストに迎え入れる。」もちろんそんな権限は私には全くない。田保橋くんもそんな約束で動くような男ではない。それは分かっている。しかし私の真剣な気持ちは彼に通じるだろう。そういう思いであった。そしてついに彼のOKを得た。彼の上司たちも理解してくれた。そして彼はよくやってくれた。マスコミの人たちも私より田保橋くんのところへもっぱら取材に通うくらいだった。

そして昭和五十五年（一九八〇年）夏の本省幹部級の人事の際、私は、井内次官のところへ伺って数年前の入試センター発足時の約束の人事についての私の権限逸脱、ルール違反の行為について自白をし「私の行為についてはいかなるご処分も受けます。ただ田保橋の功績は立派なものでしたので今回の人事でそれを褒めてやることだけは是非お願いします。」と平伏した。井内次官は、苦い顔で睨んでおられたが、結局不承不承、「うん」と言われた。そして田保橋くんは情報図書館課長として、本省へ返り咲いた。

次は「江戸ッ子」の話である。私自身はいろいろ調べるととても「江戸ッ子」とは言えないので諦めているが他の人々も似たり寄ったり、一番「らしい」のは**露木恵一**さんかと思う。露木さんは浅草方面の生まれとかで若い頃は浅草寺の祭りなど浅草まで神輿かつぎに行っていたとのこと。かつぐときには左手を腰にあてて押えながらやること、時々抜け出して休まないと腰がいかれてしまうことなどを教わった。「木遣りくずし」も露木さんに教わった。彼は威勢のいいところは正に江戸ッ子風だったが、人柄は穏和で省内の野球試合などで審判の判定に不服だと言って血の気が多かった私が喧嘩腰になるともっぱら宥め役、よい人だった。その弟分が**光岡康雄**さん、都立上野高校で私と同窓（定時制で二年先輩）だったのが縁で私との関係は全く良好だったが年末の予算編成期などで皆に酒が入るときになると日頃気に入らない誰彼に文句をつける癖があった。唄を求められると露木さん直伝の「木遣りくずし」になるのだがにならないことが多かった。「コウシ……ウフン、ウフン、コウシ……ウフン、ウフン……」と咳払いばかりでなかなか唄にならないことが多かった。もう一人、技術教育課アベ学校の一人で**長谷川寛**くん、墨田区立花の出身で農工大の蚕糸が専門という助手（今の助教）だったのを私が引き抜いて事務官にしたのだが、これも変わり種で、蚕学専門から結局は事務官になりきり名古屋大の経理部長にまで昇進しながら急に気が変わって辞職してしまった。それはともかく彼は第一人称つまり自分のことを「おいら」と言う。会議など公式の席でどうだったかまでは知らないが、一般にはもっぱら「おいら」で通していた。他に江戸ッ子らしい気風《キップ》も感じられないのに。変わり者だった。どうやら私の若い頃から江戸ッ子は流行らなくなっていたのだろう。

本当の最後に地方へ隠棲して安楽に（多分）余生を送っているらしいお二人を紹介しておこう。

一人は初中局財務課の出身で多分私が教育助成局長だった頃から親しんだ**横澤義雄**くん。野球でピッチャーをしていたが、右手首に動脈瘤のごときものがあって、回が進むとどんどん大きく膨れて来て一試合終わる頃には幼児の拳くらいになってしまう。いつ破裂するかと心配で私は試合中何度も「大丈夫か」と声をかけたが彼は慣れているようで「医者にも見せて大丈夫と言われていますから」と平然たるものであった。ゴルフにもよく行った。私はゴルフよりも帰り途に高田馬場駅附近にできたうなぎのかぶと焼などが食せる店へ寄る方が楽しみだった。今でも彼は毎年のように近況を知らせてくれ、「今年は何十回ゴルフをした」と誇らしげに言ってくるが、さすがに最近はその回数も減り気味らしい。なお彼の隠棲したのは故郷の福島である。

もう一人は私の教職員養成課長時代に課内にいた**田崎智**くんで彼は今軽井沢で暮らしている。前に書いたかもしれないが私の記憶では確か彼は長崎の方の出身だったはず、それがどういうつながりがあって終の住処を軽井沢に定めたのかが、よく分からない。彼は若い頃は割合にかっとなり易いタイプで一緒にゴルフに行ったとき、彼のカートへ私のカートをぶつけてしまい謝ったことがある。彼は瞬時かっとしたようだったが犯人が私と分かるとすぐ表情を改め「あぁ、課長でしたか」とニコッと笑った。その笑顔が何となく忘れられない。彼は確か酒が呑めない方だったかと思うので、そういう方面での付き合いは薄かったが、よく連絡をくれた懐かしい男の一人である。あ、大事なことを忘れるところだった。もう十年以上も前になるか、彼が贈ってくれた「軽井沢産の江戸切子」のグラス、こわしもせずに今も毎晩晩酌に使わせてもらっている。

03

第三部

阿部充夫の人生

S53　審議官兼バーテンダー

一．東京生まれから栃木県への疎開まで

ア．「江戸ッ子」だったか？　「バカ」だったか？

昭和七年（一九三二年）、東京は現在の文京区向丘の生まれなのでよく「江戸ッ子」かと聞かれるがかなり怪しい。まず父母はともに栃木県出身だから江戸ッ子の第一条件である「三代続いている」には全く合わない。次に生まれた場所が昔は本郷追分町、蓬莱町と聞かされており東大農学部（旧制一高）の北隣であって「本郷もかねやすまでは江戸の内」といわれる「かねやす」（兼康、本郷三丁目の角に現在もある化粧品店）からも当然に外れている。

ただ本人は「火事と喧嘩は江戸の華」といわれる「江戸ッ子」気質にはかなりあこがれていたようで、一見のんびり屋でおとなしいという外見とは違い、すぐにかっとなって取っ組み合うような喧嘩はたびたびしていたことを思い出す。一種の正義感の持ち主で規則に反するようなことは見逃せない。登ることを禁じられている工事用の土砂の山に登って遊んでいる友人たちが口で言っても止めないので全員突き落として泣かせてしまったり、やはり近くの根津神社の庭に空襲に対処するために掘られたプールほどもある巨大な防火用水に石や土を投げ込んでいる同年輩の子供たちに警告したが止めないので反対側から石を投げて命中させ得意になって帰宅したら相手の親が抗議に来て、母からこっぴどく叱られたり、理由は忘れたが三歳年上の兄の友人と口論になり、取っ組み合って地面を転げまわっていたらいつの間にかやってきた兄

が黙って見ていたのでその友人は面目なくて逃げてしまったり、大部横道に逸れたが、私自身は江戸ッ子気分だったのである。

ところで、父と母の話に戻るが、父は足利市近辺、母は小山市近辺と、いずれも栃木県南部の出身、栃木師範学校卒業の父が郷里近くの学校に勤務していたところ、宇都宮の高等女学校卒の母が、多分代用教員として同じ学校に勤めるようになったため、知り合って結婚、上京したという。

父はともかく、母は村一番の貧農の娘、その母がなぜ宇都宮の学校まで進学できたのか、いまだに私には不審である。いずれにしても父は御徒町小学校の教員に就職、母は七人の子を生んだ。母は貧乏教員の父の収入だけで家計を賄うのが大変で、手に職をつけたいと思ったことと、本来の向学心もあったのであろう、まだ乳児であった長姉を背負って和洋女子専門学校

幼少期家族写真

（現在の和洋女子大学）に通学し卒業して洋裁店を開き若干の収入を得たものらしい。

私は幼少の頃、「お前はバカだ。バカだ。」と言われて育った。二歳年下の妹が利発でラジオ歌謡や何かを私より先に覚えてしまうので姉や兄から見ると、どうしても妹が上と思えたのだろう。その上、この妹が疫痢で三〜四歳の頃に亡くなった。そのとき家中の者が必死になって妹を囲み名を呼んでいたのを側にいた私だけが「可笑しい」といって笑っていたという。これによって姉、兄たちが私をバカと見る目が確定してしまった。私が五〜六歳のときで、人の死ということがまだ理解できなかったのであろう。そして妹を失った私は阿部家では末っ子となった。父は毎晩晩酌のためあぐらをかく、そこが私の常席となった。

三人の姉と長兄は近くの学区内の小学校だったが、父が何を考えたのかは知らないが、次兄と私の二人は少し離れた西片町の誠之小学校（当時は東京一の名門といわれていたらしい。）へ越境入学で通わされた。この頃はまだあまり喧嘩もせず家でバカと呼ばれても気にもせずノホホンとして通学していたが、三年生から四年生に上がるとき担任の山崎先生から退職のあいさつがあり、次いで突然私の名が呼ばれた。教壇に立たされると山崎先生は「これまで三年間何回もテストをやったが、そのテストで全回百点を取ったのは阿部くんだけだった。」と表彰式の真似事のようなことをされ、皆に拍手を求められた。私は全く意識になかったことなのでただキョトンとしていた。帰宅して、多分、この話を母にでも報告したのであろう。この頃から姉、兄たちに「バカ」と言われることが少なくなってきたような気がする。

誠之小学校についてはあるとき何かの雑誌に「私の推薦する言葉」という題を与えられて「中庸」（中国の古書の一つ、孔子の孫の子思が著したとされている）という書物から〈誠者天之道也、誠之者人之道也〉（誠は天の道なり、之を誠にするは人の道なり）を揚げて私の信念だと書いた。実践の場面となると、なかなか難しいが、母校の名を胸を張って言えるということは有難いことである。

イ．戦時中の疎開は辛かった

そのうち戦争が始まりその影響はわれわれ小学生にも及んで来た（この頃、小学校は国民学校に改称されていたと思うが、ここでは小学校のままとする）。空襲による被害を避けるため東京では小学校三〜六年生については学校単位で数名の教員が付き添い地方の旅館その他の施設に宿泊する「集団疎開」と、個々に縁者などを頼って地方の学校に転校する「縁故疎開」に二分され、東京を離れて散っていった。移転先はもちろん農村地帯が多かったと思うが戦争による物資の欠乏や人手不足なども重なり農村地帯と言えども食料の入手は難しく、特に私の縁故疎開した小山市近くの母の実家は、八十歳を超える祖母が一人暮らしだったため米作もしておらず、近所のよしみか近隣の農家から協力してもらうだけの苦しい生活だった。しかも六年生の夏だったため、疎開したすぐ翌年は旧制中学校受験、学校選択の余地もなく進学した旧制石橋中学校は十キロも離れていた。バスもない。幸か不幸か、少し遅れてやって来た三歳年上の次兄が、同じ中学校に編入学したため、やっと手に入れた古自転車一台に二人乗り、いつも後ろの荷台に乗って私は楽だったが毎日毎日雨の日も、風の日もそして雪の日も行きも帰りも一言も愚痴もこぼさず頑張ってくれた次兄は本当に大変だったろう。学業成績ばかりでなく、その人柄も学校の先生方や級友たちの信頼を受けたのだろう、兄は転入学したその翌年には全校の生徒会長に選ばれていた。

もちろんいじめにもあった。疎開ッ子と呼ばれまた学業成績にもかなりの差があったため同級生から手を出されることはなかったが、一～二歳年上くらいの卒業した先輩やその手先となっている下級生などからは狙われた。ただあのあたりの子供たちは股旅物の映画や歌謡曲などの影響か、かっこよく意気がるところがあって多勢で取り巻いても必ず代表一人だけを出し一対一の喧嘩を求めてくる。それを組み伏せたり殴り付けたりすればその喧嘩はそれで終わり、翌日はまた別の奴が出てくる。二～三回も続いたろうか、敵の大将らしい二～三歳年上と思われる奴はついに出馬しないでどうやら諦めたらしい。

中学校への往復の際には通過する村や地域の見知らぬグループとのニアミスもたびたびあったが、大事に至るようなことにはならなかった。

いじめといえば先生方も油断できない。多分地元の親たちに媚を売っているのだろう。私の学業成績は全く無視されていた。小学校の卒業式の前日、下谷地域の小学校数校の集団疎開組を率いて福島県へ行っていた私の父が、突然、私の疎開先の祖母の家へ顔を出した。やはり末っ子の卒業は気になって、顔を見に来たのだろう。父の話では「来る途中で村の小学校に顔を出し校長への取り次ぎを依頼したら校長が慌てて飛び出して来たよ。」と笑っていた。それまで地元の子供たちは卒業式の式順に従って総代、優等生など役割に従い起立、前へ進み段を上がる……等々の練習を一週間くらい行っていたが、もちろん私には何のお声もかかっていなかったのである。それが卒業式の当日登校すると突然、担任の先生から「今日の式では君が優等生総代になるから、……やり方は分かるな。」と言われた。地元の父母たちの顔色などを気にしながらやっとまとめた式順や子供たちの役割にもかかわらず、校長から突然阿部に相応しい役割を与えよとの厳命が下り、担任は、前夜一晩、大変な苦労をしたのだろう。私にはどうでもいいことだったが、まあ「ハイ、ハイ」と引き受けておいた。後で聞いたが、父はこのときの校長と栃木師範での同窓で先輩。なお師範学校での先輩、後輩の上下関係の秩序の厳しさは私の成人後、宮城県へ出向した際にさらに実際に体験した。

やがてついに、終戦の日が来た。すぐにも東京へ戻りたかったが、住む家も、離散していた家族の集合の都合もいろいろとあって、私が実際に帰京するにはなお二年半の年月を要した。

二、高校生時代とグループ「無心会」の結成

ア．上野高校入学と生活苦

昭和二十三年（一九四八年）春、私は、やっと東京へ戻り、これまで父が勤務していた御徒

町小学校がすでに廃校となっていて、その校舎を改装した都営のアパートに入居した。戦後の新しい学制がスタートした年で、進学予定は選ぶ余地もなく徒歩で通える上野公園内の新制都立上野高等学校、生徒は新一年生としては旧制上野中学校から転籍した五クラス二五〇名プラス新規受け入れ一クラス（五〇名）の計六クラス三〇〇名であった。旧制からの転籍組は戦争直後の混乱期だったため、無試験で当時の上野中学校（旧制）へ入学した生徒たち、先生方は無神経にも何か事があるたび「君たちは無試験入学組だから……」と批難したが、この学年が後に述べるごとく、「上野高校華の新三期」として学業に、スポーツに、上野高校の名を日本全国に知らしめた功績を予想もできなかったのであろう。

それはさておき、わが阿部家では姉たちは戦争直前から戦争直後にかけて適齢期であったため、次々と結婚、長兄は医学部のため修業年限が長くて在学中、次兄も東京外国語大学中国系に在学中、そして末っ子の私も高校一年生という状態であり、しかも、父が小学校副校長だったため、児童たちを戦場に送った戦犯のごとく（もちろんこれは一般論の無責任な評論であり、私の父はむしろ反戦論者、平和主義者であった。）批判されることへの反発として辞任、無職となっていたこともあって、わが家は全くの無収入、末っ子の私でさえ今後どうなるのか不安な状況であった。父はもちろん、各種の手段を頼って家族の生活費の確保に懸命であったが、所詮は武家の商法、紬織の原材料となる真綿のブローカーとか、自宅で草加せんべいを焼いて売るとか、父なりに随分努力したが、高校一年の私からみてもとても無理ということばかり。父が真面目なだけに見ていられない苛立ちを感じていた。

何とか自分も収入を得て、家の役にも立ちたいと思った私は、次兄（東京外語大で中国語を専攻中）が吾妻橋を渡った本所の町工場で、スプリング作りのアルバイトをしているのを知り、兄に頼んで工場主に紹介してもらい、あのあたりでは多分高校生のアルバイトは珍しかったかと思うが雇ってもらうことになった。（本当は高校生のアルバイトは禁止されていたと思う。）当時正規の工員は日給一五〇円、慣れたバイトの兄は一二〇円、そして新米の私はテストを受けて八〇円と決められた。スプリング作りは型に針金を巻き付けて、形を作り必要な長さで切るという単純なものだったが、針金の太さもさまざま、力加減も難しく初めの頃は十本に一本くらいは失敗していたがだんだんに慣れた。それでも店の主はいいオヤジさんだったのだろう。失敗を叱ることもなく首にもならず見守っていてくれた。

私はもちろん高校での授業を受ける必要があるので、ウィークデイはダメ、土日のいずれかがバイトの日にあてられたが、当時は浅草の野球チームに所属しておりこのアサヒというチームは本願寺の庭のグラウンドで土曜は練習、日曜は試合と決まっていたため日程の調整に苦労したものである。それでも何とか努力して月五〇〇円くらいの収入にはなっていた。初めてのバイト収入をもらったとき、新しいパンツを買った。いかにもみじめな思いがした。

その後上野高校の学年主任の先生が私の家の経済状態を知ったらしく、育英会の奨学金の手続きをとってくれ月五〇〇〇円の奨学金が受けられるようになった。これはほぼバイト代に匹敵するので大変助かりバイトの回数もかなり減らすことができた。

それでも上野高校はよい学校だった。毎日登校するのが楽しかった。一〜二年生のときは旧上野中からの移行組に数で押されて何となくおとなしくしていたが、三年生ともなると期末試験で貼り出される成績の上位の常連になるとか、授業時間中に先生を質問攻めにするとか、生徒会での発言とか、運動会での活躍とかいろんな場面で顔が売れ、親しい友人も増えた。試験の時間には私のまわりにいわゆる問題児たちが席を取った。私の答案を覗くためである。私は「見たい奴は見ろ」という気持ちで全く腕で隠したりしなかったからである。

イ．グループ「無心会」の結成

経済的にもやや安定し、友人も多くなり、……となるといたずら心が持ち上がってくる。ある日二〜三人の友人とそれぞれ授業を脱走して近所のミルク・ホール（喫茶店のごときもの）に集合、ダべっているうちに、「われわれの学年は戦後の混乱期に無試験入学した者が多く、まさに玉石混交、人間的にも面白い奴が多い。こういうのを集めてグループを作ったらどうだ……」という提案が出て来て、特に基準は決めないがクソ真面目過ぎる奴、暴力的な奴はダメ、批判的精神、反骨精神は必要、一芸に秀でた奴も万能な奴もよいなどと話し合った末、会の名称はいつの間にか「無心会」……いろいろな考えを許容する、一つの形に囚われない……というような趣旨を皆が賛同し規模は十人程度と想定して早速メンバーの選考に入ったのである。

意外なほどに面白い同期生が多くピッタリ十名はすぐに集まり、中島清成くん（後に東大応援団長、朝日新聞記者）を総裁として校内の生徒会、文化祭、運動会など各方面でリーダーシップを取り、活動を始めた。毎日が楽しかった。運動面では直接無心会との関係ではないが、国民体育大会の高校野球（軟式）で全国優勝を勝ち取り、学業面でもたとえば東大入学者を先輩たちの二～三名という実績を一挙に三十名余り（全国八位）にまで引き上げこれまで無名だった上野高校の名を全国に広めた。われわれの周辺からは上野高校「華の新三期」ともてはやされた。

無心会は高校卒業後も、バラバラだった六クラスの同級会を、同期会に取りまとめ毎年開催するとか、校旗が老衰したため新しい校旗を製作して学校に進呈するとか、寮歌祭ならぬ校歌祭に参加するとか、全員還暦の年には記念文集を出版するなどの事業を推進してきたが、これまでの間に老齢化が進み同期生全体はもちろん無心会員のメンバーも次第に減少、現在では総裁の中島くんは老人ホーム入り、毎日新聞の副社長だった新実慎八くん、そして、私はともに腰痛、脚痛に悩み、合わせてコロナの災《わざわ》いもあって、残念ながら会うに会えない状態に陥っている。

それにしてもこの無心会グループは個々人を取り上げれば一冊の本になるくらいの物語になる楽しい思い出だった。

三．第二の故郷——楽しかった仙台での生活

私の生涯は東京に生まれて以来、ほとんど東京を動いていない。先に述べたように戦時中小六から中三まで約三年半栃木県の田舎暮らしだったことのほかは宮城県教委への出向で二年、仙台暮らしをしたぐらいだ。その中でもどちらかと言われれば私は仙台を懐かしい懐かしい第二の故郷だと挙げるのに躊躇しない。

ア．仙台の人々

先に述べたように、私が初めて仙台に赴任したとき仙台駅で感じた冷たさ、淋しさはそのとおりで間違いではないが、少なくともそのうちの半分くらいは東北地方の人々の遠慮深さ、人を見る目の慎重さなどに依るもので彼等の心は決して冷たくはない。温かい、温かい人情にあふれている。私

長男は仙台時代に生まれた

は妻を連れて赴任し（やや時間のズレはあったが）、そして仙台に住んで数か月後には長子に恵まれた。その赤ん坊を見る地元の人々の眼の温かかったこと。お祝にと言ってある人がスピッツの子犬を連れて来てくれた。可愛い可愛いと座敷にあげて撫でていたところ、近所のおばさんたちがダメだダメだとなだれ込んできた。「赤子と子犬を一緒に置くと赤子が子犬の産毛を吸い込むからやめなさい。」という意味だった。若い新米の父母のところに子が生まれた。ちゃんと丈夫に育てるだろうか、見守ってくれていたおばさんたちが飛び込んできて注意をしてくれたのだ。家内はその注意を嬉しいと言って涙をこぼした。その頃から私たちはその界隈の仲間に加えていただき親しい近所付き合いの仲間として扱ってもらえるようになった。

私、本人が役所の中でやはり同じように、今度はどんな課長だろうかと観察されこれは大丈夫、安心して付き合えると信じてもらえるようになるまでに若干の月日を要したのも、多分同じようなことだったに違いない。

イ．仙台の酒と肴

東北地方は何と言っても酒処、どの県へ行っても銘酒がありそれなりに美味い。しかし私は日本酒でいえば濃厚な独特の味を持った銘酒や舌にざらつくような感じの残る酒よりも、くせのないさらりとした酒を好む。学生時代に東北旅行をしたとき秋田の銘酒高清水に親しみ仙台に赴任したときでも御当地ものの浦霞、雪の松島、竹に雀などいろいろと試みたが結局慣れた秋田の高清水に戻った。しかし間もなく、極めて大衆的な天賞という地酒に集中するようになった。天賞酒場は当時市内に二〜三軒知っておりあちこち通ったが、あるいは市内だけでももっと多数あったのかもしれない。とにかく安くてくせがなく気楽に呑めるのが気に入っていた。

肴は着任の翌晩から一番丁、三越の向い側の割に大きな鮨屋に入った。ここで北寄貝に初見参した。当時の技術では東京まで生では運べなかったのであろう。かなり大きく食べ甲斐があり握りずしにすると美味い貝だった。そして「うに」。これは新鮮なものに軽く塩をまぜた酒のつまみでこの店で味を覚えたが他の呑み屋などでは鮮度を保つのが難しいのかお目にかかったことはない。さらに東京人と見られると必ず強制されるのが「ホヤ」。以前に経験があるので平気で口に入れた。一か月ほど後、家内が到着したとき早速連れて行ったのがこの鮨店だが「ホヤ」などは家内にはとても馴染めなかったようだ。

「どじょう鍋」は県の教育委員長、高野運太郎先生の大好物で、宮城県の太平洋岸、志津川町（現在、南三陸町）にお住まいの高野先生は月一回程度の委員会に来仙され、夕方は市内でどじょう鍋を楽しまれ一泊して志津川町へ帰られる。多分カウンターだけの小さな店だったと思うが（二番丁あたり）、仙台でもどじょう好きはあまり多くないらしく高野先生に付き合う人は教育庁職員でもゼロだったようだ。私がどじょう好き、しかも頭付きの丸鍋好みと知って狂喜された先生は、教育委員会の会議が午後のときは会議終了後必ず私をどじょう屋へ誘われ、夕方の一、二時間を一緒に過ごすことになった。

また、店の名前から思い出すのが「山」がつく二店、「山びこ」は調査係長だった嶺崎憲房さんに紹介された。四～五人で一杯になるようなおばあさん一人で切り盛りしている呑み屋でわれわれの間では通称「ビコ」、オリミキという仙台独特の雑きのこを他の野菜などと一夜漬にした「つまみ」で、これが絶品、帰京してからも東北地方の人と聞くとオリミキの漬け物と尋ねたが全く知られていなかった。以来六十年間ついにその名さえ耳にできないでいる。なおこの嶺崎係長さん、私の帰京が予想される時期が迫ってきたある日、どうしても相談したいことがあるとのことで、この「ビコ」に付き合った。「阿部課長がおられる間、あと数か月でしょうが、全力でお仕えします。ただその後の自分の身の上のことが心配で悩んでいました。親せきに県議会議員もおりますので、そろそろ半年後、一年後を目標に県庁の方へ戻りいずれ課長くらいにまでは出世できるよう運動したいのですが……」との相談で、私はそれまでの己の迂闊さに愕然とした。私のポストは県教育庁の行政課長つまり教育庁の筆頭課長であり、当然教育庁内の職員（県としてのキャリア、ノンキャリの別なく）全体の人事を司るはずである。ところがほぼ二年単位で文部省から出向したわれわれはそういう目で教育庁内の職員の人事について必要な配慮を行ってきたかという反省である。もちろん嶺崎係長には私の考えが及んでいなかったことを詫び、またすぐには助力できる立場でもないことも詫びて今後の彼の運動は了解すると伝えた。その後間もなく、私の本省復帰と前後して彼の知事部局への異動も成功したと記憶しているが、この問題は宮城県に限らず、また文部省に限らずいわゆる交流人事には必ず伴うことと思い課題意識は抱えながらも名案も浮ばずそのままに残されているのではないかと思い、関係した県の人々に申し訳なかったと今さらながら思っている。

呑み屋の話から急に別の件に移ってしまったがまた楽しかった話に戻そう。店の名前は「山《やま》」前述の「山びこ」と似すぎているがここは若夫婦が経営するカウンターの他にテーブルも三つ、四つ置いたきれいな店で、刺身なども出る、法規係長だった三浦徹さんが懇意のところだった。三浦さんは私より少し年長だったが県のキャリア、極めて優秀で、文部省へ来ても十分通用する人材、後には県の東京事務所長から三役にまで昇格した人である。この店へはよくハゼ釣りをしてその成果を持ち込み、刺身や天麩羅にしてもらって舌鼓を打った。仙台のハゼは呑気もので釣るのに針は要らない。糸の先にエサを小さな団子状にして付けるだけ、食い付いたらそのまま引き揚げると口から離さないので、そのまま船上まで、「とん」と落とすと口を離す。そのまままた海へ同じ餌を放り込む。手間がかからず釣果が早くあがる。それを山《やま》へ持ち込んでいたのである。

呑み屋街の奥の方にはかなり怪しい店もあった。初めの頃は敬遠して近づかないようにしていたが、だんだん慣れてくると一人でも立ち寄ることがあった。特に危険に出会ったことはない。まだ単身赴任だったほんの初めの頃、ごちゃごちゃした呑み屋街の一軒、ばあちゃんがお酌係一人だけを使ってやっている「楽天」という店（前に誰かに連れて行かれたことがある、二回目の店）に立ち寄った。翌朝宮城県南部地区（白石市）でのブロック会議を召集していたため、早朝の列車に乗る必要があったのだが、仙台にも慣れて気が緩んでいたのか、カウンターに突っ伏して寝込んでしまったらしい。早朝の何かの売り声に目覚めると、ばあちゃんの心遣いだったのだろう、背中にどてらのようなものが掛けてあった。慌てて飛び起き、タクシーで仙台駅に到着、ギリギリで列車に間に合ったという、苦い経験がある。それでも、その店には何回も通った。そして帰京して数十年、東北地方に新しくプロ野球で楽天というチームが仙台をフランチャイズとして生まれるとのニュースを聞き、仙台＝楽天というつながりに驚き情報を探ったが、すでに当然のことながら一番丁裏の楽天はなく、プロチームとの関係不明とのことだった。

そしてもう一軒、終戦直後、そのままのようなガランドウで、カウンターだけ、飾りもなにもない――しかも酒も置いてない店があった。二〜三回通ったが店名も記憶にない。店に入るとおばさん一人、化粧もせずに立っている。「何を呑むか」と聞かれて酒、ウイスキーなどと適当にそのときの気分で答えると、「五百円」という。そして、そのおばさんはその五百円を持って、近所の酒屋へ酒を買いに行く。確かコップくらいはあったろうし、ウイスキーのときは水で割ってくれたが水代を別に要求されたことはなかった。面白くも何ともないがあまりに不思議で二〜三回くらいは顔を出したがすぐに止めた。あのような店はその後どうなったか時々気になることもある。

仙台ではおおむね嶺崎係長のラビットの尻に乗ることが多く市内を呑みまわったが、少し酔うと彼はラビットを道端に放り投げたままタクシーで帰ってしまう。それでラビットを盗まれることはないということだったし、三浦係長はタクシーに乗ると私に名刺を出させ金額だけ書き込んで運転手に渡す、代金は県庁の方へ要求させるらしい。このようなことが通用するくらいあの頃、昭和三十年代末の仙台は人気《ジンキ》のよい街だった。

実は仙台の友人知人たちには内緒だが、私は文部省に戻ってからも東北地方への出張用務の度毎に帰り途には仙台で途中下車、町の空気、呑み屋の酒を味わって仙台二番丁のホテルに一泊、翌朝に帰京することが多かった。本当は友人知人の誰かに電話して一夜をともにしたかったのだが私には前科があった。かつて一度仙台に連絡し、結婚のため近県に移住していた女性などまでほとんど全員集合で待っていただきながらその日に肺炎、急熱を発しキャンセルしてしまったことがあったのである。もちろん幹事さんには深くお詫びをしたが、その罪の意識が深く心に残っていて、仙台に立ち寄りながらも連絡する勇気がなかった。当時の人たちもかなり亡くなられただろうと思いながら、この稿を擱く。

四．私の趣味、嗜好

この分野は余りにも種類が多くキチンと分類・整理して並べるのは難しいので思いつくままに並べることにした。

ア．酒、タバコ類

わが家は酒好きの家系である。父は若い頃から夕刻には勤務先の御徒町小学校を出て湯島天神下の「シンスケ」なる酒場に寄り不忍池の横を通って千駄木の家へ帰ってきた。「鍋釜、丼鉢や、落とせば割れるがどうしたい。」というわけの分からない唄を唄いながら……。この「シンスケ」なる呑み屋は当時は古い、うす汚い店だったが、戦後、私が、成人に達してから一度行ってみたところ小綺麗に建て替え小僧さんたちも揃いの法被で女気ゼロという店に変貌、唖然とさせられた。なお「鍋釜云々……」の唄は一度だけ父に頼んで唄ってもらったが、多分、端唄、小唄の一種のようで、意外にしっとりとした唄なのに驚いた。それから数十年「シンスケ」はどうなったか懐かしいけれど行ったことはない。

はじめから横道に外れてしまったが、私は友人、知人から酒豪のうちに数えられているがそれは違う。せいぜい日本酒五～六合が限界で一升までいったことはないと思う。大体が限界値に達すると酔うよりもそれ以上呑めなくなる。そのため酔態をさらしたことも少なく強い方に入れられているようだ。

老年期に入ってからは主戦場はおおむね新宿あたり、諸澤正道さん（元事務次官）に連れられて常連になった歌舞伎町の「ワラ」、朝日新聞の友人と通った四谷の「チロ」くらい。後期高齢者となってからは、もっぱら自宅でビール一本、酒一～二合くらいを鮪の刺身をつまみに、晩酌として楽しんでいる。

「酒はダメと言われたらいつでも禁酒できるが、タバコの方は誰に何と言われても止める気はない」というのがかねてからの私の持論であり、タバコの害が説かれニコチンの含有量がどんどん減らされてきても二十四ミリの缶ピース、十六ミリのカプリくらいを限度に頑張っていたが、十余年前、急に変心して喫煙を止めた。肺がんで次男を失ったからである。その後は一ミリの煙草で我慢するようなこともせず完全な禁煙を貫いている。ただし年一回だけ次男の墓参りのとき、残してあった煙草一本に火を付け私が一口だけ吸ってから墓前に置いてやることにしてきた。今日みると残った昔の煙草があと一本（まだ売っているのかどうかは知らないが）、もう買い足す気はない。

イ．歌、唄そして社交ダンス

楽器はハーモニカでさえ使えないが、これでも高校時代ほんの一時的にだったが、音楽部に所属していたことがある。合唱団の一員として参加していたのである。ある日、講堂のようなところで、マイクなども所々にあって練習を繰り返していた。私は最前列の真ん中にいた。合唱の場合のそれぞれの立つべき位置などについての知識は全然なく、そのときも指定されてそこに立ったのか自分勝手だったのか全く記憶にないのだが、練習の途中で音楽の柏木俊夫先生（確か後に東京芸大へ教授として移られた作曲専門）が側にきて「阿部くん、君は音程もしっかりしているし声もよくマイクに乗ってよいんだがその特徴を生かすためには逆に最後列の中央にいてくれた方がよいから……」と立つ位置を変えられたことがある。

柏木先生の言われたことが本当なのか他に私が真ん中に立つことに問題でもあったのかよく分からないままに私は何となく気分を害したように感じて合唱部をいつの間にか抜けていた。


「うた」のことは「歌」とも「唄」とも書く。念のため辞典など調べたが、はっきりしない。ただ広辞苑では「広く一般には『歌』、三味線を伴奏とする邦楽などの場合には『唄』を使う」とあるのでこのあたりが妥協点なのかもしれない。ところで加戸守行くん（別掲、日本音楽著作権協会理事長も務めた。）の場合、本人は知っている歌謡曲（流行歌的にとらえているものらしいが、要すれば自分が歌える歌という意味だと思う。）は二千～三千曲くらいと豪語していた。あるとき私が「二千～三千曲というのはすごいね。」と言ったら「いやあれは少し吹きすぎたのですよ。」と笑っていた。

実は私も上手、下手を別にすれば某歌謡曲集（二千二百曲収録）で自分の知っている歌を数えてみたら、千曲ぐらいにはなるけれども、それにしても加戸くんの知識は大したものだと思った。

とある会合で文部省の幹部が夫婦連れで集まったとき全員が歌うことになった。後で優秀者には賞品が出るような企画だったようだ。私は歌の数はかなり知っているが歌そのものについては声がよく透ると褒められたことはあっても、うまい上手だというお褒めにあずかったことはない。それに年の故もあったろう、声が長く続かないし高音は苦手、ついては「早く義務を果たして逃げ出したい」とばかり考え、割合に早い順番に指名してもらって「喜びも悲しみも幾歳月」、灯台守の唄を歌った。幸いにこのときはピアノの伴奏が来てくれていたのでキーを下げてゆっくりとお願いしてどうやら特別の失敗もなく終えることができた。四方に軽く会釈をして、早退のお詫びの意を表し家内を連れて出口に向かっていたとき、後ろからハイヒールの音も高く追いかけてきた婦人がいてわれわれを呼び止め、「阿部さん、本当に素敵な歌でした。感動しました。今夜は阿部さんが優勝ですね。」と褒めていただいた。私は「お褒めいただいて恐縮です。所用があるのでお先に失礼させていただきます。」と申し上げたが、さてどなたのご夫人か全く分からない。最初の乾杯のときからよくあたりの方々のお顔を拝見しておくのだったと反省したが、後悔先に立たず、大袈裟に言えば人生で唯一度私の歌をこれほど褒めていただきながら、相手の方のことを知らぬまま、今日に及んでいるのである。

酒、歌とくるとその次は踊りだろう。先に述べた上野高校無心会の仲間の一人に足立原貫という男がいた。少年の頃に童謡を歌っていた（かもめの水兵さん）という話もあり、東大農学部を出て農村問題に取り組み森林の保護のために薬剤散布を取り止め、全国の青少年有志に呼びかけて人力で除草するという「草刈り十字軍運動」(後に加藤剛さん主演で映画化)をするとか何かと話題をふりまく騒がしい男だが、その知人に田鎖直江さん(男性。藤原義江さん、四家文子さんなどとオペラをやっていた。)という人がおり音楽家としてはもう喉がダメなので社交ダンスの教室を始めることになった。その第一期生兼助手としてわれわれも協力することになり、授業料は払わずアルバイト収入にもならないが、われわれがまずワルツ、クイック、スロー、タンゴ、ルンバ、パソドブルなどの初歩的な指導を受けた後、助手役となって新しく入門した人たちの相手をしたものである。

この当時の関係者は結局グループ交際のような関係になり、つい数年前まで実に70年近くもの交流が続いたがコロナ以降は中断状況となっている。

ウ. 囲碁、将棋そして麻雀など

大学生時代から学生同士の付き合いとしてこれらの遊びが始まった。最初は熱中して大学の門前から学内とは反対方向の麻雀屋に通うことなどもたびたびあったが、私は元々賭け事には興味が乏しいほうで、特に麻雀の場合は賭け事の要素が強いこともあって点数計算もよく覚えないレベルのうちに足抜きをした。文部省に入ってからは社会人ともなると付き合いということもありまた始めたが、点数計算も賭け金の清算も全て人任せ、これで強くなるわけがなくだんだん足が遠のいた。

他方、囲碁、将棋となると賭け碁、賭け将棋といったケースは少なく偶然性も乏しい。対局者の実力が前面に出るし段級位の制度もある。なんとなく上品だ、というようなこともあって、私の気持ちは碁の方へ傾いていった（碁、将棋のどちらを選ぶかというのは正に個々人の好みの問題だろう）。といっても学生時代から囲碁部に所属して研鑽に励んだ人たちなどとは比ぶべくもない。素人同志でザル碁を競ったり新聞碁を並べたり……それでも何とか腕は少しずつだが上がるものらしい。課長か審議官くらいのときだったと思うが、ふと気が向いて某新聞社の懸賞碁に応募してみたところ三段の実力ありとの認定書をいただいた。ごくたまに他の人と打っていたので思い返してみると「俺は本当に三段かな、三段にしては少々弱いんじゃないかな」と反省することしきり、結論としては「新聞の懸賞碁は紙の上での一時的なもの、実践的に散々迫り合って認定されたのとは違う」と諦め、免状も請求しないことにした。

さらにその後、私が次官のとき日本棋院の理事長さんがあいさつに見えて「阿部さんも、碁を打たれると聞いているので段をさしあげましょう。五段くらいまでならお好みの段を……。」と聞かれたので「私は十年以上も前、某新聞社の懸賞碁で三段という認定をいただいています。弱い三段なので特別な望みはありません。」と答えたが数日後「確かに阿部さんの段位の認定は記録にありました。」といって免状を届けてくださった。私もこれまでいろいろな関係で、免状だの賞状だのをいただいてきたがほとんどを整理してしまって現に身辺にあるのは受勲したときの勲記とこの日本棋院の免状だけである。

エ．スポーツ（特に野球）と私

今から顧みると何十年前になるか、私が都立上野高校三年生のある日、私は体育担当の山門（ヤマト）先生に呼ばれて体育準備室に伺い会っていた。間もなく卒業を控えて個々の生徒について体育面での評価を記録に留めておきたいので協力しろということであった。「協力はするけど、まず僕について先生はどう評価しているのか」と問うと先生は用意していたらしくメモを出した。今やうろ覚えだが、「阿部充夫は体は小柄だが運動神経は行きわたっておりスポーツ万能である……。」と書かれていた。これは少々褒めすぎで、いろいろな分野のクラブに入ったとしても一軍半つまりはレギュラーと控えを行ったり来たりのような位置付けだろうか。とにかく何の部に入部するかどうか決めかねているくらいのレベルだったと思う。

それにしても特に好きで熱中したのは野球である。栃木県の旧制中学校に入学したばかりのときに終戦を迎えたわれわれはすぐに復活した野球に熱中した。私より三年年長だった次兄、阿部幸夫（中国現代文学専攻、後に実践女子大学教授）は復活した野球部でキャッチャーで四番打者おまけに全校の生徒会長という地位にもある重鎮になっていたので、その兄から野球部に入って球拾いからやれと誘われ一も二もなく入部した。最初は正に球拾い、少し昇格して、キャッチ・ボールのお相手役そしてシート・バッティングのキャッチャー役となったとき事故がおきた。バッターの打ち損ねた球が私の急所を直撃したのである。生意気に兄の真似をしてマスクだけをかぶりプロテクターもレガースもつけずに球を受けていたことの悪い結果が出てしまった。あの痛さは経験した者でなければ分からないであろう。ボールを恐がるようになってはとてもプレーは続けられない。私は野球部を退部して近隣の地区の青年たちの軟式野球に入れてもらった。

その後間もなく学制改革が行われ、私は旧制石橋中学校を退学して上京し新制の都立上野高校へ入学した。住居は御徒町だったが浅草あたりから通う友人も多く、浅草本願寺の庭を本拠とする「アサヒ」というクラブ・チームに誘われて（もちろん軟式だが）早速入会、このあたりではかなり強豪とみられたチームらしく土曜日はもっぱら練習、日曜日は一〜二試合の公式対戦という厳しいスケジュールで運営されていた。硬式時代に植えつけられたボールへの恐怖感はかなり薄れていたがそれでも事故の経験を監督、コーチに話し、できれば内野手、ダメなら（ほとんど経験はないが）外野手として鍛えてほしいとお願いした。この「アサヒ」に所属していたのは半年か一年かそう長くはなかったと記憶しているが野球のことだけ考えていた楽しい時間だった。そのうち前にも述べたようにアルバイトでスプリング工場へ行くようになり、土、日の日程がどうにも組めなくなって未練たらたらながら退部することにした。それでも別に高校の友人たちとはグループを作って時折り草野球を楽しんでいた。

それはそれとして、さらに一年後くらいだったかわれわれが高校三年生となったとき、国民体育大会の軟式野球の部でわが上野高校野球部が全国優勝という快挙をなしとげた。校内はそれで沸き立ったがこういうときには必ず人の気持ちは割れるもので、祝賀式ともなると無心会グループの中でも新聞部や応援団に関係した連中は大喜びだが、哲学者的な連中は皮肉な目で見ているような感じだった。私は草野球組として純粋に歓迎試合をやろうという説に同調、現在の都立美術館のあたりに二本松という広場がありやや狭いがグランドとしてはなかなか条件の良いところなのでここを使って、日本一となった野球部と草野球組の選抜チームとの対戦が実現した。さすがに野球部は強かったが、草野球組には坂田忠雄くんという投手がおり彼が野球部を零点に押え草野球組が何とか一点をもぎとり「日本一の座」を奪ったのである。もう、全ては忘却の彼方にあり一点を取った経過も思い出せないが、私個人としては一本左前にクリーン・ヒットを打った。得点にはからまなかったがそれだけを大切に記憶している。

東大へ入学した。教養学部は駒場だが、駒場では藤井裕久氏（後に国会議員、大臣など歴任）と隣の席、彼はキャッチャーで東大野球部に優秀な人材が入ったとスポーツ新聞に特記されるくらいシーズン入り早々からかなりの活躍をみせ私なども期待していた。そんなある土曜日、ちょうどテストがあり皆が答案用紙に取り組んでいた最中に彼が突然立ち上がり「阿部、俺は答案ができたから出すんじゃない。もう出掛けないと神宮の試合に間に合わないんだ。」と言って答案を提出、退室してしまった。これは「大変なことなんだ。」と私は理解したが、彼はそのシーズン限りで退部してしまった。彼は、その後大蔵省に入り、政界に打って出、という生涯を送るわけだが、東京六大学ともなると東大では野球と学業の並立というのは並大抵のことではないんだなと思った。

翌年二年生となったとき、体育の時間、今日は軟式野球を自由にやれとの指示があり、教養学部の球場は規模は適当だが手入れが悪くてボコボコ、それでもわれわれはほどほどに遊んでいた。そのときは珍しく神田順治教授が姿をみせわれわれの様子をかなりの時間眺めていたが、突然「阿部くん、ちょっと」と側へ呼び寄せられた。神田先生は野球界では有名な人でプロ野球のコミッショナーを務められた某教授の片腕として「コミッショナー参与」とかいう役割も担っておられた方である。この先生と上野高校とは旧制時代の上野中学の先輩であるとか非常勤講師で上野高に来られたことがあるとかとにかく若干の関わりがあり私なども会えばごあいさつをする程度の仲ではあった。神田先生から私へのお話は端的に言えば、私に野球部へ入れというお誘いで私は唯、唖然とするのみであった。「先生、私は体も小さい（当時身長百六十二センチ、体重五十キロ未満）し、腕も細い、しかも中学一年のときチップした球を股間に受けて悶絶したというマイナスの経験も残っています。大体この腕で硬球をハネ返す力があると見えますか。」私の回答に先生はし

昔から好きだった野球
（昭和四十二年（一九六七年））

ばらく考えておられ、当時二塁手に定着していた某さんの例もあげて「彼は、全く無経験だったが一年ほどであれだけ伸びた。君だってやれる。」などと言われたが、結局は私の腕の細さをみて諦めてくれた。私はその代わりに東大野球部は元気がなさすぎるから応援団長を推薦するといって前記「無心会」総裁の中島清成くんを推薦、確か池袋あたりだったと思うが先生の自宅まで連れて行った。そこで二人はすぐに意気投合、中島くんの応援部入りが決まった（このところの経緯は中島くんの自叙伝『無名記者の挽歌』に書かれているのとはかなり違う。人の記憶はこのように変わるものでありどちらかが正当性を主張するようなものでもないだろう）。

中島くんの応援団入りは東大側の応援の雰囲気をかなり変えた。三・三・七拍子も始まったし、中島くん創案の歌舞伎の所作を取り入れた指揮者の舞は関係者を喜ばせたし、彼は舌が短いのか「ワッショイ」の掛け声が周りの者には「ワッチョイ」と聞こえるので「東大のワッチョイ」という仇名で他の大学の連中にも有名になっていた。私は自分の在学中には東大の試合は神宮球場へ必ず応援に行くと明言していたし四年間でそれを達成したつもりだったが、今となって雨で試合がウィークデイになったときなどまで行けたかと自問すると何となく自信がない。

文部省へ入ってからはおおむね局単位または課単位にチームを組んだ、職場のレクリエーションのような野球で、私の気持ちもプロや六大学の野球を「見る」よりも自分たちでチームを作って「参加する」ことの方に関心が移った感がある。人事課副長に就任したときには職権を利用して、職員厚生経費を活用し野球用具を備品として用意し貸出すようにしたのも私である。

省内の局課対抗野球トーナメントはそれ以前から行われていたが、私が大学局の課長から審議官を務めているころどういう事情だったか忘れたがこの大会が中止となるまでの最後の五年間、大学局が五連覇を続けたことは今や記憶しているのは私ぐらいだろう。この頃は若い連中からうるさい「おじさん」は外そうと思われたのかもっぱら監督に担ぎ上げられ、それでも未練がましく試合には必ずといっていいくらい顔を出していた。この頃の監督は楽だった。特に投手陣は右腕に学生課の小幡忠夫くん、左腕に医学教育課の千葉健二くん、そして抑えは学生課の伊藤正久くん、監督は敵軍の顔触れをみながらただ勘だけで「今日は左腕でスタートだ」などと言うくらいの程度、抑えの伊藤くんを使ったケースも少なく、勝ち続けたと覚えている。

その後はソフト・ボールなども流行り出し省内大会こそなくなったが、個別の試合それぞれかなり行われており三〜四度通りかかることがあったときには「代打で打たせろ」などと無理を言って迷惑をかけたこともあるが年齢とともにいつか忘れていった。

退官して幕張の放送大学学園の理事長となったとき、あのグランドを使ってみたくなって学内での野球を提案「ソフトじゃつまらないから何十年ぶりになるか軟式でやろう」と言い出し、上着を脱いでキャッチ・ボールを始めたが、ここで驚いた。長年の空白により、わずか五〜十メートルくらいの間隔なのにキャッチ・ボールができないのである。ボールを握る感覚がおかしくなっていて強く握れば地面に叩き付けてしまう。軽く握ればアサッテの方へ飛んでしまう。正に散々哀れな姿だった。試合に入っても打席は空振り、守備ではフライを一つやっと捕えただけ、わが野球人生はこれで、ザ・エンドとなった。

オ．その他のスポーツと——ついでにゴルフ

スポーツ系統は何にでも顔を出したが短距離や卓球などはよい方だったと思う。上野高校三年のときの運動会では各部対抗リレーがあって、陸上競技部（短距離選手だけは出場不可）をはじめ野球部等々が並び文化系各部も一応顔を出した。私はこのうち図書部で走ることとし図書部関係のアンカーを務めたが、何となみいる運動部系をも破って図書部が優勝、単なる本の虫ではないことを示したのである。正式計時したことはないが、東大入学直後突然、体力検査が行われ百メートルと八百メートルを走らされた。百メートルでは偶然、高校の同期生神林くんという陸上部百メートルの選手だった男と並んで走ることになり、彼は面目にかけてもということだったろう、パンツ一丁でスパイクがないのでハダシ、私は普通にズボンと靴姿で並んだが、結局は神林くんが十三秒フラットで一位、私が十三秒〇二で二位という結果だった。な

お八百メートルの方は長距離が苦手な私は二百メートルくらいで脱落、神林くんの結果は知らない。

最後にゴルフのことを書いておこう。文部省内にも主として肩書きの関係や所属局課の別に幾つかグループがあったが、あるとき（私が大学局審議官の時代）元大臣の劔木亨弘さんから大きな銀製カップの御寄贈があり、これを機会に全省的なゴルフ会は、これまでの省内ハンデを再調整の上、劔木杯一つに統一することになった（らしい）。私はそれまでハーフ五十が切れるか切れないかという成績が普通で省内ハンデは二十五～二十六くらいかと記憶しているが、新査定のハンデは初心者並、ハンデ三十六と改められそれで第一回の劔木杯に臨んだのである。結果は私としてはこれまでのスコアと同じくらい、ただ今回のハンデ改正でかなりハンデ増加分だけよくなったらしく十一アンダー。風呂へ入るとスポーツ課長の戸村敏雄くんとその仲間が湯船の中で「絶対に戸村課長が優勝だ」とオダをあげていた。「戸村くん、幾つだった」と聞くと「テン・アンダーです」との返答、「それじゃ残念ながら俺の方に来るな、俺はイレブン・アンダーだ。」と言ったら急に全員が静かになってしまった。というようなわけで、劔木杯には優勝者の名札のトップに私の名札が下がっているはず、ただしこの杯をその後見かけたことがないのでどうなったのか分からない。なおこれによって私の新ハンデはアンダー分を差し引き残りからさらに二十％を引くとのことで二十くらいになったと思うが、その後は劔木杯の記憶がない。

なお、私にゴルフの手解きをしてくれたのは諸澤正道さん（元事務次官）だが「諸澤さんの弟子じゃそんなに上手くなるはずがない」などと不届きなことを言う輩もいたので今度あの世へ行ったら諸澤さんに言い付けてやろう、と思っている。

カ．活字中毒

いよいよ、最後の最後は活字中毒である。あるいは読書癖、読書狂とでもするかと考えたが私の場合はどうも文字そのもの、あるいは活字に関する感覚のようなものなので活字中毒とした。

幼少の頃から本などを読むのが好きだった。学校へ行くようになってからは学校で借りる、友達に借りる、子供用の物語で内容が軽く字も大きいので二～三冊はすぐに読み終えてしまう。親に買ってもらったものでは、とても足らなかっただろう。漫画本や絵本の記憶はほとんどない。小学校も高学年ともなるとほとんどの記事は読めるようになっていたので読み物が身近にないときにはもっぱら新聞に手を出した。内容的には理解できなかったこともあったろうが、ときには三行広告（求人案内などの、三行程度の小さな広告が大量に並んでいるもの）の部分までつぶさに読んだりしたものである。

六年生の夏のとき、前述のように栃木県の田舎へ疎開した。八十歳の祖母一人の家なので書物なども皆無、学校の図書室はあったのだろうと思うが全く記憶にない。近所の家のお姉さんが「みっちゃん、読むものがほしかったら、これでも読みな」といって渡してくれたのが、婦人雑誌、これは子供心にも触れない方がよいような気がして遠慮した記憶がある。そんなあるとき、東京の留守宅から生活用品など若干の必要品が送られてきた中に、部厚い本が二冊入っていた。多分父の読んでいたものがまぎれ込んでいたのであろう。一冊は斎藤茂吉の『鴨山考』で「鴨山の岩根し枕ける吾をかも知らにと妹が待ちつつあらむ」という柿本人麻呂の辞世の歌からその終焉の地を求める論文のごときもので、詩人が大先輩の跡を探し求める大変な情熱が小学校六年生の私の心にも強く響いて忘れられない愛読書となったものである。ただしこれは私が大学生くらいになってから、何かの機会に、斎藤茂吉がこの鴨山考のときに探し当てたはずの地をさらに研鑽を続けた結果、別の地に変更してしまっていたことを知って愕然としたことを付け加えておこう。鴨山考の印象が深く私の胸に住みついていたため、その後の茂吉の研究の結果とは言え、あまりにもあっさりと前説を変更した、という印象が今度は強く焼き付いてしまった。なおこの問題にはさらに梅原猛氏の所説がからんで来る。梅原氏は私が大学課長のとき、京都の確か芸術大学の学長で私とはこれまた別件でニアミスの関わりもあるのだが、だんだんこのエッセイの趣旨から外れるのでここで止めておく。

そして、もう一冊が、ニーチェの『ツァラトゥストラはかく語りき』であった。これは完全に、小学校六年生だった私の手に負えない代物で、読めない字も多く内容は全く理解できない。読める活字だけを読んでも、どうにもならずそれでも一応最後までページを繰ったと思うがただそれだけ、「ニーチェと取り組んだことがある」という記憶が残っただけであった。

以来、私の読書あるいは活字との関係は乱読そのもの、書斎のつもりで使っていたマンションも満杯となったため、肝臓がんでそこへ引き取った息子に適当に処理するよう命じたところ、ほとんど全ての書棚や書物を廃棄してしまい息子自身も亡くなったため、今は何もない。

私自身も後期高齢者となった後は、仕事にからむような書物は一切購入せず専門的なことは関係雑誌や知人からの献本等を活用させていただいてきたが、その後はさらにもっと、もっと軽い補物帳やユーモア小説などに宗旨替え、さらには近くの図書館利用もおぼえて有益に使わせていただいている。

現在は認知症の症状が進行している家内の介護のため

平成二十一年（二〇〇九年）、妻と

ヘルパーに協力していただく時間以外は炊事、洗濯、掃除、買物等々、昼は時間に余裕がなく、夜中は常識が働かなくなった家内に、たびたび起こされるというキツイ生活だが、活字中毒という「病気」は変わることなく毎夜、眠れそうなときには必ず何かの活字を手に持って横になる癖が続いている。

交友録が閉じるによせて

阿部充夫先輩には、心楽しくお仕えしました。

佐藤禎一

私は、大学課課長補佐時代に課長として、大学課長時代に局長として、総務課長時代に事務次官としての阿部さんにお仕えしました。

おそらく他の方々も同様に感じたと思いますが、大きな方針だけ指示し、後は任せるという仕事ぶりでしたから、各員がのびのびと仕事ができたと思います。また、大きな出来事に遭遇しても淡々と仕事をするタイプで、部下たちが何の不安も感じずに働けたと思います。（お前らが暢気なせいで、本当は心配していたんだぞ、という声が返ってきそうですが。）

仕事の面では、一つは臨教審の後始末を挙げねばなりません。臨教審の第四部会（高等教育担当。飯島宗一名古屋大学総長が主査）には企画課長の遠山さんと大学課長の私が主として対応し、終了後は、大学審議会の設置を企画課で、大学入試センター試験の実施を大学課で担当しました。いずれも論点の多い課題で、国会では厳しい審議が続きましたが、平常心での対応には心底感服いたしました。

もう一つは、阿部さんの事務次官時代のリクルート事件への対応です。が、この方は、私が河を渡った後に、加戸さんや古村さんを交えての昔語りの種としてとっておきましょう。

放課後ですが、静かにお酒を楽しまれたようです。私は、仕事飯以外は酒を呑みませんでしたので（大学課長までは、もっぱら雀の学校通いでしたので）、詳しく語ることはできませんが、呑みだすと食べ物には箸を付けないほうで、もっぱらお酒を楽しまれたようです。仕事飯でご一緒の折には、私が阿部さんの食事の大半をいただいておりました。

ただ、ゲテモノで人を驚かすということは何度もあったようで、蛇やイモリが漬け込まれた甕の焼酎を勧めたり、豆腐の上のゴマが実は蟻んこだったり、という悪戯もなさったようです。これはご本人から聞いた話ですから、本当だったのでしょう。私が遭遇したのは、ありきたりのシラウオの踊り食いでしたが、私は福岡勤務をしたのにこれが苦手で、この時ばかりは阿部さんが私の分を食べてくださいました。

もう一つは、洋食がお嫌いだったようです。洋食が大好きな私はうかつにもそのことに気づかず、さる接待の場に西洋レストランを選んでしまい、先方は大層喜ばれましたが、阿部さんは翌日欠勤なさいました。死ぬ思いだったそうです。

端正な姿形ですから、もてたのかな、とは思いますが、私はその方面には暗いので、情報はありません。ただ、なぜか白髪を大変気にしておられました。私は素敵だと思っていましたので、「国会の人ごみの中で阿部さんを見失っても、白髪の人を探せば直ぐわかる」と言いましたところ、「ひでえことを言いやがる」と、大層なご不興で、びっくりしたことがあります。

冒頭に戻りますが、大きな方針は別として、後は信頼してお任せくださったので、本当に心楽しくご一緒できましたこと、今でも感謝いたしております。

著者略歴

昭和十四年（一九三九年）　文京区西片誠之小学校入学。以後、第二次世界大戦のため、栃木県へ疎開。栃木県河内郡吉田村東小学校、同県立石橋中学校（旧制）一年のとき終戦。同校三年修了で帰京
昭和二十三年（一九四八年）　都立上野高等学校入学
昭和二十六年（一九五一年）　東京大学法学部第一類（私法コース）入学
昭和三十年（一九五五年）　文部省入省、官房人事課配属
昭和三十三年（一九五八年）　大学局庶務課へ配置換（法規企画係長）
昭和三十七年（一九六二年）　宮城県へ出向、教育庁行政課長就任
昭和三十九年（一九六四年）　帰京して、大学局技術教育課、同庶務課の課長補佐、官房人事課副長、官房参事官を歴任
昭和四十五年（一九七〇年）　初等中等教育局職業教育課長

昭和四十六年（一九七一年）　大学局教職員養成課長
昭和五十一年（一九七六年）　大学局大学課長
昭和五十二年（一九七七年）　大学局高等教育計画課長
昭和五十三年（一九七八年）　大学局審議官
昭和五十七年（一九八二年）　管理局長
昭和五十九年（一九八四年）　教育助成局長
昭和六十一年（一九八六年）　高等教育局長（旧、大学局長）
昭和六十三年（一九八八年）　文部事務次官
平成二年　　（一九九〇年）　辞職

以後、（特）放送大学学園理事長、東京国立博物館長、（学）東京家政学院理事長、（財）日本修学旅行協会会長、その他の役職を務め、平成十五年（二〇〇三年）には、勲二等旭日重光章を受章し、平成二十一年（二〇〇九年）には、東京国立博物館名誉館長の称号を受けた。

おわりに

疲れた。本当に疲れました。

まず、私自身のことについて、本年は九十歳に達することは前にも述べたかと思うが、肉体的には、平成二十一年（二〇〇九年）から十年ほどの間、ほとんど毎年、全身老化が進んだ故か、九回の入院手術を受けた。その後はやや安定しているようだが、このうち食道がんについては三か月から六か月くらい間を置いて、アフターケアーの検査が続いており、また特に脊柱管狭窄症では、先に腰椎の手術をしたものが、新たに頸椎にも波及し、一時はできるだけ早期にこれも手術をするように奨められていたが、現在は高齢故に、歩行はもっぱら歩行器に頼り様子見となっている。

他に、家内の介護がある。家内は平成二十四年（二〇一二年）に認知症を発症、ほぼ十年になる。比較的よく保ってきたようだが、最近はかなり悪化、目を離すこともできないようになり、この本の原稿書きも、ほとんど夜中、家内が眠っている間のわずか二〜三時間の利用だった。現在は入院中である。

それでも何とか一冊の本に仕立てることができたのは、いつも明るく励ましていただいた悠光堂の佐藤裕介社長と遠藤由子エディターのおかげ、それに側面から文章の整理、資料の追加などの協力をしていただいた野口和久さんのおかげ、と心から感謝している。

はじめにでも触れたように、お名前の漏れた方々や内容の不備、間違いなどでご不満を持たれる方々には誠に申し訳なく、「いずれさらに文章を書き改めて再版を出します」と申し上げたいところだが、私もそれまで生きてはいないだろう。

それでは皆さま、どうかお元気で、できるだけ長生きしてください。

表１	旧文部省庁舎正面玄関を望む

表４

全　体：地下鉄銀座線虎ノ門駅地上「10番出入口」付近
出入口の向こうに見えるビル群は、大きく変わったが通りの
雰囲気には、昔の面影も垣間見える

中央右：阿部氏が「よく撫でた」という虎の銅像（虎ノ門記念碑）
虎の頭部が、ツルツルピカピカに光っているのは……
本文24頁参照

中央左：文部省などの若手が通って議論を闘わせたという
（青春）酒場「升本」〼
現在も大勢の若者たちで賑わっている
（港区虎ノ門１－８－16　地下鉄Ｂ６出口すぐ）

S63　第58代文部事務次官就任

虎ノ門交友録

2023年2月1日　　初版第一刷発行

著　者　　阿部 充夫
発行人　　佐藤 裕介
編集人　　遠藤 由子
制作人　　冨永 彩花
原稿協力　　野口 和久
発行所　　株式会社 悠光堂
〒104-0045 東京都中央区築地6-4-5
シティスクエア築地1103
電話：03-6264-0523　FAX：03-6264-0524
デザイン　　株式会社 シーフォース
印刷・製本　　株式会社 シナノパブリッシングプレス

ISBN978-4-909348-50-0　C0095

悠光堂の 文部省 OB 出版 について

出版社悠光堂では、これまですでに十数冊にのぼる、文部省(文部科学省) OB の方々の出版のお手伝いをさせていただいてきております。

今後とも引き続き OB の方々の出版についてのご相談に乗らせていただき、事業展開をしていきたいと存じておりますので、何卒よろしくお願いいたします。

また、年に一度(今回は早春頃予定) 文部省 OB 出版局通信の発行も行ってまいりますので、ぜひともご愛読のほどお願いいたします。

局　員　　遠藤由子
　　　　　冨永彩花
応　援　　國分正明
　　　　　藤原　誠

(最近の文部省 OB 出版書籍)

國分正明　『ひとつの人生の棋譜』
2020年10月、B5判、240頁、定価2,200円(税込)

逸見博昌　『憲法９条を知るための「10の問答」
国の平和と安全、国民の命はどのように守られているのか』
2021年10月、A5判、80頁、定価550円(税込)

辻村哲夫(共著者あり)　『もう一度考えたい「ゆとり教育」の意義』
2020年9月、A5判、224頁、定価1,980円(税込)

小野元之　『教育委員会の活性化
元文部科学事務次官　小野元之の直言』
2020年7月、B5判、216頁、定価1,980円(税込)

中岡　司　『文化行政50年の軌跡と文化政策』
2021年9月、A5判、232頁、定価1,650円(税込)